杉岡幸徳
Kotoku Sugioka

奇妙な四字熟語

ポプラ新書
254

奇妙な四字熟語

目次

ほられ〜

はじめに

已己巳己《いこみき》
……似たもの同士

照猫画虎《しょうびょうがこ》
……猫を見ながら虎の絵を描く

変態百出《へんたいひゃくしゅつ》
……次々に姿を変える

……この世には、こういう不可解な熟語が数多くあり、それらを集めて解説と例文を加えたのが本書です。

意味不明なもの、笑えるもの、シュールなもの、教訓と取れなくもないもの、愛や美を切なく歌ったもの、長編映画になりそうなほどドラマチックなもの……など多種多様です。

また、比較的よく知られている熟語

——君子豹変《くんしひょうへん》・呉越同舟《ごえつどうしゅう》・酒池肉林《しゅちにくりん》など——も見すごしませんでした。

名の知れた熟語も、本来の意味がぜんぜん違って伝わっていたり、その起源に壮大なドラマが眠っていたりするからです。

それでは、熟語の織りなす百花繚乱《ひゃっかりょうらん》・狂喜乱舞《きょうきらんぶ》・絢爛華麗《けんらんかれい》をご鑑賞ください。

白馬非馬《はくばひば》……白い馬は馬ではない

梁上君子《りょうじょうのくんし》……天井の梁《はり》の上にいる立派な人

徙宅忘妻《したくぼうさい》……引っ越しの時に妻を忘れる

中国と日本の歴史年表

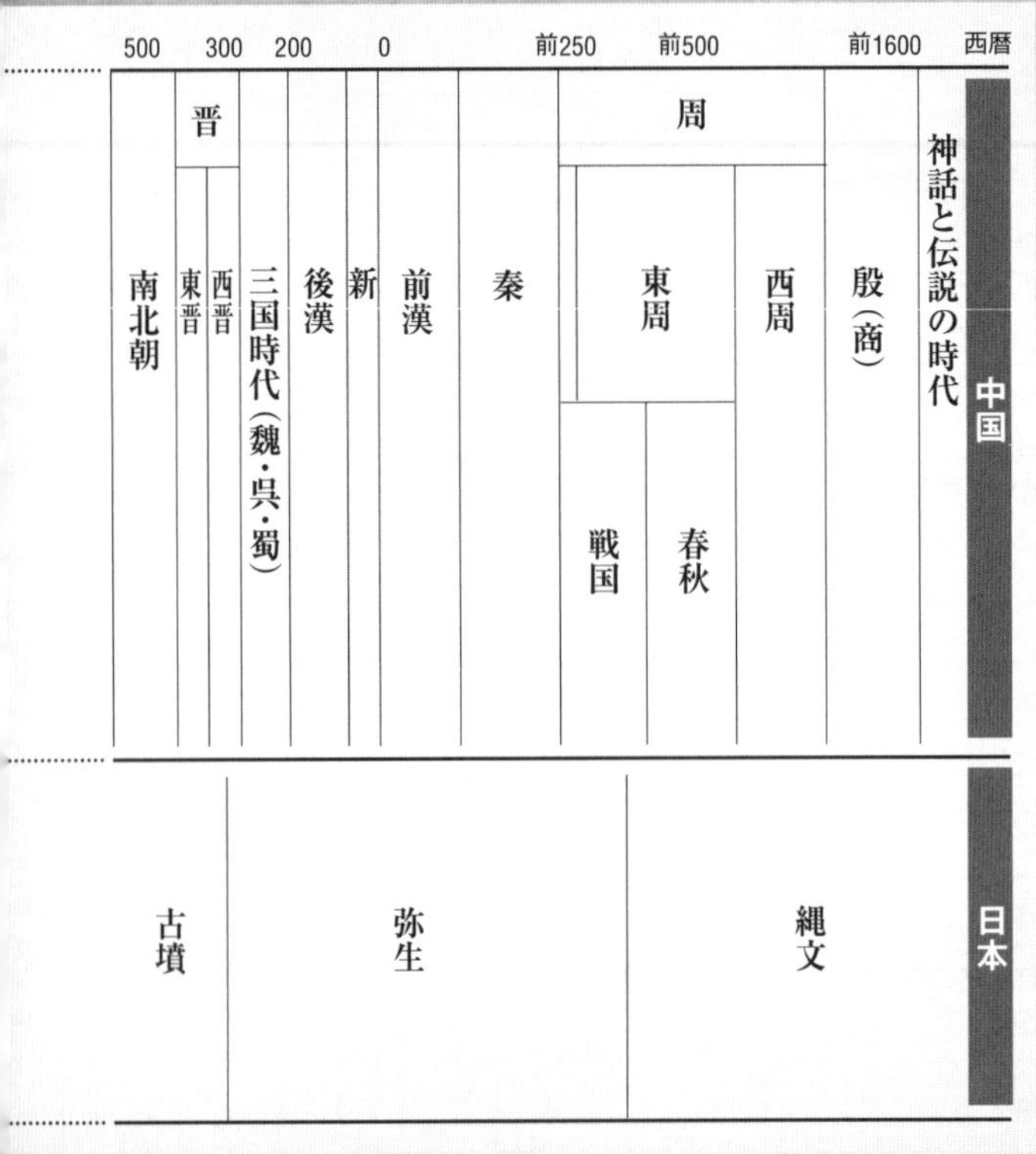

西暦
前1600
前500
前250
0
200
300
500
中国
神話と伝説の時代
殷（商）
周
西周
東周
春秋
戦国
秦
前漢
新
後漢
三国時代（魏・呉・蜀）
晋
西晋
東晋
南北朝
日本
縄文
弥生
古墳

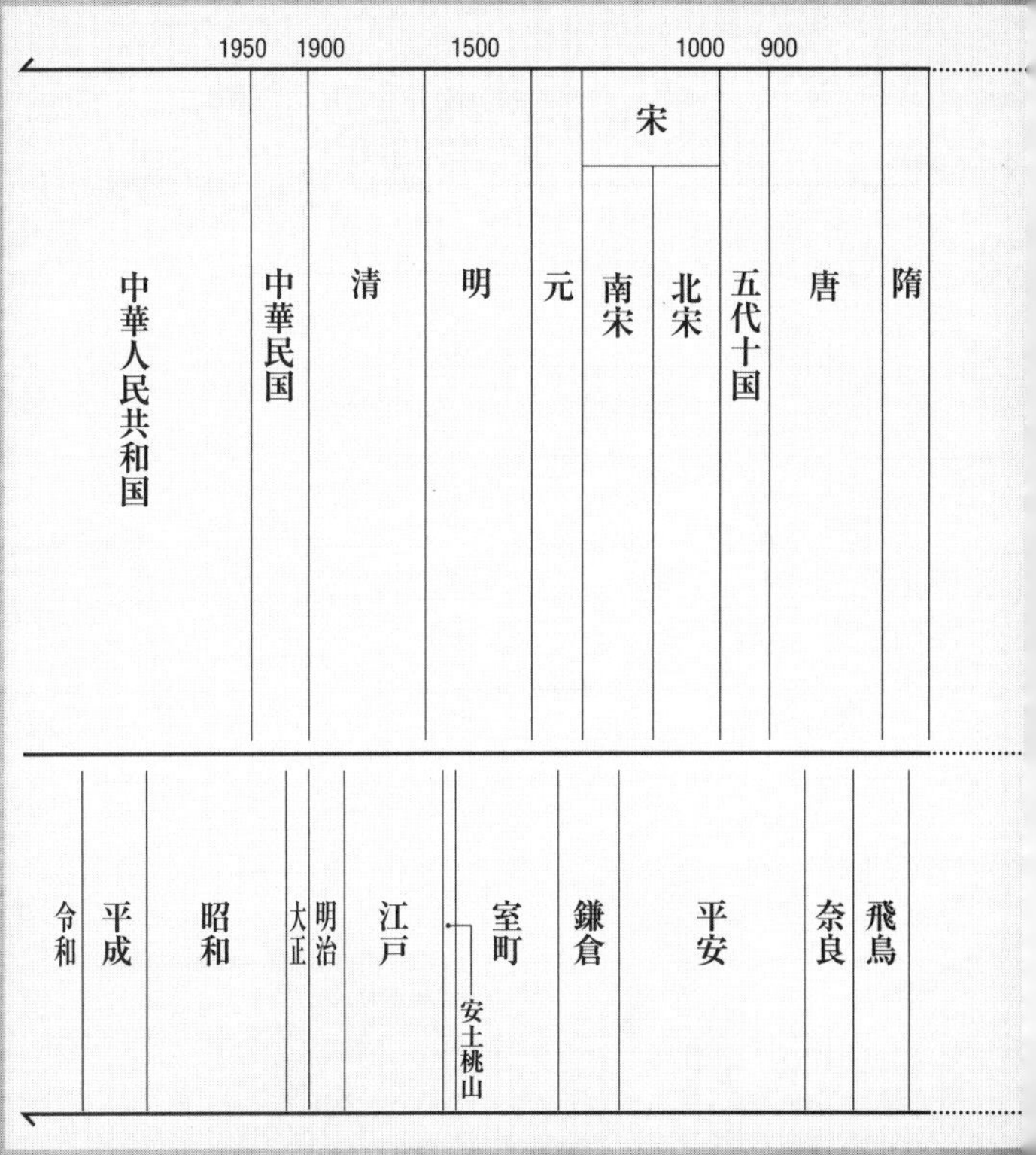
1950
1900
1500
1000
900
隋
唐
五代十国
宋
北宋
南宋
元
明
清
中華民国
中華人民共和国
飛鳥
奈良
平安
鎌倉
室町
安土桃山
江戸
明治
大正
昭和
平成
令和

第一章

不可解な熟語

麻《ま》姑《こ》掻《そう》痒《よう》

【意 味】ものごとが思い通りになること。痒いところに手が届くこと

【対義語】隔靴掻痒《かっかそうよう》

【出 典】『神仙伝《しんせんでん》』麻姑《まこ》

仙女に背中を掻《か》いてほしい！

麻姑《まこ》とは、中国の伝説上の仙女である。若くて美しく、非常に爪が長い。妙な話が伝わっている。

蔡経《さいけい》という男の家に麻姑と方平という二人の神仙がやって来た。蔡経は麻姑の長すぎる爪を見て感動し、密《ひそ》かに

「背中がかゆい時にあの爪で掻いてもらったら、さぞかし気持ちいいだろうなあ」

と思った。

蔡経の心の中を読んだ方平は激怒した。

「麻姑どのは仙女なのに、背中を掻いてもらいたいとは何事か！」

方平は蔡経を縛《しば》り上げ、

「わしの鞭《むち》はめったに頂戴《ちょうだい》できるものではないぞ！」

とわめきながら、鞭で打ち続けた。

……はっきり言って、どうでもいい話だった。

なお、背中を掻く道具である「孫の手」は、この麻姑から来ているという。孫に背中を掻いてもらうように、気が利《き》いて気持ちいいからではないようだ。

例文 どこかに独立国を創《つく》って、国土のすべてを麻姑搔痒にしてみたいという夢は、多くの人が抱いたことがあるだろう。

腹《ふく》中《ちゅう》之《の》書《しょ》

【意味】知識が豊富なことを自慢する言葉
【類義語】曬腹中書《さいふくちゅうしょ》
【出典】『世説新語《せせつしんご》』排調《はいちょう》

インテリなのかアホなのか

中国では七月七日に書物や衣服を虫干しにする習慣があった。

その日、晋の郝隆《かくりゅう》という男が、外で腹を出し仰向《あおむ》けになって寝転がっていた。

「いったいどうしたんだ」

と人々が驚いて問えば、郝隆はこう答えた。

「俺は腹の中の書物を虫干しにしているんだ」

よほど自分が書物を読み込んでいるのを自慢したかったのだろう。

しかし腹を出して外で寝転がるとは、インテリなのかアホなのかよくわからない人だ。

例文 私は腹中之書があるので、ＡＩなど不要だ。

竜《りょう》肝《かん》豹《ひょう》胎《たい》

【意味】非常に手に入れにくい稀少な食材のたとえ
【出典】『晋書《しんじょ》』潘尼伝《はんじでん》

オランウータンの唇、ラクダのこぶ……

「竜《りゅう》の肝《きも》と豹《ひょう》の胎児」である。

豹はすばしこくて獰猛《どうもう》な獣だから、その胎児なんか簡単に入手できない。竜にいたっては想像上の動物なんだから、肝なんかどうやって手に入れるのか。

つまり、「竜肝豹胎《りょうかんひょうたい》」で「非常に稀少《きしょう》で手に入れにくい食材」を意味している。

中国は、よく「四つ足のものは机以外、空を飛ぶものは飛行機以外」なんでも食べると言われる貪欲な国である。中華の最高級料理とされる満漢全席《まんかんぜんせき》には「オランウータンの唇」「ラクダのこぶ」「熊の掌《てのひら》」など奇怪な食材が使われているから、豹の胎児は序の口かもしれない。

例文 竜肝豹胎といっても、美味しいとはかぎらない。単に珍しいというだけで、本当はまずいということも十分にありうる。

非驢非馬《ひろひば》

【意味】どっちつかずで得体のしれないもののたとえ
【出典】『漢書』西域伝《せいいきでん》・渠梨伝《きょりでん》

丸パクリは笑われる

直訳すると「ロバでもなく馬でもない」。もちろんハイエナやオオアリクイでもない。一世紀に編まれた『漢書《かんじょ》』にこんな記述がある。「ロバであってロバではない。馬であって馬ではない。亀茲王《きじ》ごときはいわゆるラバだ」

亀茲とは、現在の新疆《しんきょう》ウイグル自治区にあった国のこと。前漢の時代に亀茲国の王であった絳賓《こうひん》は、長安に滞在した後、長安の宮中のマナーやファッション、音楽などをすべて真似したという。よほど中華文明コンプレックスに囚《とら》われていたのだろうが、これらは西域の人びとからは主体性がないとして笑われ、馬鹿にされたのだ。

なお、ラバという動物は、オスのロバとメスの馬をかけ合わせた動物である。そして悲しいことに、生殖能力がない。そういう当てこすりもあったのだろう。

例文 レオナルドは、牧師でありながらマフィアのボスでもあるという非驢非馬な人だった。

鬼《き》哭《こく》啾《しゅう》啾《しゅう》

【意味】鬼気迫ってものすごいようす
【出典】杜甫《とほ》「兵車行《へいしゃこう》」

すすり泣く死霊

見た目の凄まじい熟語だ。

「鬼哭《きこく》」とは、「浮かばれない霊が泣き叫ぶ」こと。「啾《しゅう》」とは「すすり泣く」。

鬼哭啾啾で「鬼気が迫ってものすごいようす」である。

それにしても、「啾啾《しゅうしゅう》」という響きは、そのままで死霊がすすり泣く声を聞くようである。

唐代の詩人・杜甫《とほ》の「兵車行《へいしゃこう》」という戦争詩に出てくる語句である。そこにはこんな一節がある。

きみは見なかっただろうか——あらたに死んだ亡霊たちは悶《もだ》えて恨み、古く死んだ亡霊は声を上げて泣き叫び、空が曇り雨が湿らせるときには、亡霊たちがすすり泣く声を……

例文 ジム・モリソンが歌の中であげるシャウトは、鬼哭啾啾の凄《すご》みがある。

一《いっ》塊《かい》之《の》肉《にく》

【意味】たった一人の子
【出典】『宋史《そうし》』瀛国公紀《えいこくこうき》

焼き肉なのか

「一塊の肉」と聞くと、何やら不穏な、不気味な気分にさせられる。「肉の塊」だ。ためしにこの熟語で検索してみると、関係のない「焼き肉」の写真ばかり出てきた。本当の意味は「たった一人の子」なのに。

言葉の由来は悲劇的だ。

十三世紀、南宋は元との戦いに敗れ滅亡した。その時、最後の皇帝となった趙昺《ちょうへい》は入水《じゅすい》自殺してしまった。その知らせを聞いた妻の楊太后《ようたいこう》はこう泣き叫んだという。

「私が苦労に耐えてきたのも、すべて趙《ちょう》氏（南宋の皇帝の姓）の一塊之肉（趙昺のこと）のためだったのに！」

例文 私の一塊之肉の名前は愛引《あいーん》です。

乒《ピン》乓《パン》

【意味】卓球／パンパン／パラパラ

乒乓乒乓乒乓乒乓――

何やら不安な気分にさせる熟語だ。「兵」の字の下が、それぞれ一本欠けている奇怪な漢字を連ねている。

しかし、中国語で「乒」でピン、「乓」でパンと読む。「乒乓」で「ピンポン」、つまり「卓球」の意味である。まったく緊張感はない。

なお、「乒乓」はオノマトペなので、ピストルを発射した時の「パンパン」という音、雹《ひょう》が屋根に落ちてきた時の「パラパラ」という音、扉が風に吹かれたときにたてる「パタンパタン」という音などにも使える。

多様に使えるお勧めの熟語である。

例文 せっかく試合会場まで来たのに、愛用の乒乓板（卓球のラケット）を忘れていた。

一《いっ》琴《きん》一《いっ》鶴《かく》

【意味】役人が清廉潔白なことのたとえ／旅の荷物が少ないことのたとえ

【出典】『宋史《そうし》』趙抃伝《ちょうべんでん》

ギターを抱えバックパックを背負い――

宋の趙抃《ちょうべん》という役人が、蜀《しょく》に赴任した時のこと。その時彼が持って行ったのは、一台の琴と一羽の鶴だけだったという。

赴任の際、餞別《せんべつ》などはいっさいもらわなかったのだろう。琴は自ら弾いて慰《なぐさ》めるためだろう。一琴一鶴《いっきんいっかく》で「役人が清廉潔白なこと」だけではなく、「旅の荷物が少ないこと」も意味する。

これが金や銀の車に財宝を詰め込んで現れたら、賄賂《わいろ》を取って私腹を肥やす強欲な役人だと思われたかもしれない。

ちなみに、私も小さなバックパックを背負い、ギターを抱えて世界を旅したことがあるが、あれも一琴一鶴だったのか。

例文 旅をするには大きなスーツケースは必要なく、一琴一鶴で十分だ。

蛙《あ》鳴《めい》蟬《せい》噪《そう》

【意　味】内容のない文章や議論

【類義語】春蛙秋蟬《しゅんあしゅうぜん》・驢鳴犬吠《ろめいけんばい》

本書とはかけ離れた熟語

蛙がワンワングーグー鳴いている。蟬《せみ》がギャンギャンリーリー騒いでいる。一日中、こんな音を聞かされたら、どうかなってしまうかもしれない。しかも、蛙や蟬の鳴き声は、人間にとっては何の意味もない。蛙や蟬の世界では、何か凄いことを訴えているのかもしれないが、少なくとも人間には意味不明である。

このことから、「蛙鳴蟬噪《あめいせいそう》」（蛙が鳴いて蟬が騒ぐ）で「騒がしいだけで内容のない文章や議論」を意味するようになった。

ちょうど、この本とは正反対なものを指すと覚えておけばいいだろう。

例文 あの小説は洛陽の紙価を高めたが、中身は蛙鳴蟬噪と言うほかはない。

張《ちょう》三《さん》李《り》四《し》

【意味】どこにでもいる普通の人
【類義語】張王李趙《ちょうおうりちょう》・張甲李乙《ちょうこうりいつ》
【出典】『景徳伝灯録《けいとくでんとうろく》』十九・漳州保福院従展禅師

どうでもいいですよ

断じて、「朝三暮四《ちょうさんぼし》」ではない。
つまり、「張《ちょう》」と「李《り》」は、中国でもっともありふれた姓である。
つまり、張さんの三男と李さんの四男ということで、ひいては極めてありふれて平凡な人を指す。

中国でも長男が優遇されて、三男や四男はいてもいなくてもいい、どうでもいい存在だったのだろう。

なお、似た言い方に「張王李趙」もある。中国に多い四つの姓を集めたものだ。日本で言うと「山田鈴木田中斉藤」という感じか。

例文 張三李四だからといって馬鹿にしてはいけない。こういうありふれた人たちがいるからこそ世界は成り立ち、英雄や天才も存在を許されるのだ。

招《しょう》揺《よう》過《か》市《し》

【意味】目立つように町中を歩き回ること
【出典】『史記《しき》』孔子世家《こうしせいか》

ブイブイいわせろ

「招揺《しょうよう》」はぶらぶら歩くこと。「過市《かし》」は人の多い市場などを通り過ぎること。全体として、「目立つように町中を歩き回ること」である。

こんな感じだろう——大阪ミナミの盛り場に、突如真っ赤なフェラーリが現れ、停車した。ドアが開くと、パンチパーマでサングラスをした男が颯爽《さっそう》と降り立つ。左右には茶髪の美女を侍らせている。男は、腕にはめたダイヤ入りのロレックスをぎらつかせながら、夜のネオンの海を泳ぎ出す——

例文 夜の帝王と呼ばれた彼は、夜な夜な歌舞伎町を招揺過市していた。別に健康のためにウォーキングしていたのではない。意味のないように見える散策でも、街の様子を監視したり、折《おり》を見て夜の住人と会話したりして、自分の存在を誇示する目的があったのだ。

海《かい》市《し》蜃《しん》楼《ろう》

【意味】 蜃気楼《しんきろう》。実体がなく空しくあやふやなもののたとえ

【類義語】 空中楼閣《くうちゅうろうかく》・砂上楼閣《さじょうろうかく》

【出典】 『史記《しき》』天官書《てんかんしょ》

妖怪はまぐり

「海市《かいし》」も「蜃楼《しんろう》」も蜃気楼《しんきろう》のことである。

それにしても、「蜃気楼」にはなぜ「蜃《しん》」という妙な漢字が入っているのか。

実は、「蜃」とは大はまぐりのことなのだ。中国では昔から、蜃気楼は大はまぐりが吐き出す息から生まれると考えられていた。

ここまで来ると、はまぐりももはや貝ではなく、妖怪の一種である。

例文 クーデターが起き、大統領の野望はわずか十日で海市蜃楼のように消え去った。

『百鬼夜行拾遺』より。大はまぐりが蜃気楼を生み出す

含《がん》沙《しゃ》射《せき》影《えい》

【意味】陰険なやり方で他人に危害を加えること
【出典】鮑照《ほうしょう》「苦熱行《くねつこう》」

恐るべし虫

「含沙《がんしゃ》」とは中国の南部に棲《す》む「いさご虫」という怪虫である。

こいつは、砂を口に含んで人の影に吹きかける。そうすると、人は高熱を出して死んでしまうという。

恐ろしい虫である。もっとも、日本ではいさご虫というのはトビケラの幼虫のことである。ザザムシと呼ばれ、信州地方では佃煮《つくだに》などにされて食べるものだ。昆虫食で有名な信州でも、もっとも高級な部類に入る虫だ。

私も試したことがある。それほど美味でもないが、それほど邪悪でもなかった。

例文 うちの会社のお局《つぼね》さんの含沙射影はひどいものだ。この人のおかげで社員の和が乱れ、業務まで滞《とどこお》ってしまったから、数千万円以上の損害を被っているはずだ。

麺《めん》市《し》塩《えん》車《しゃ》

【意味】雪が降り積もったさま
【出典】李商隠《りしょういん》「雪を喜ぶ」

幻想的だが無理

市場で盛大に麺類《めんるい》が売られ、塩で造った車が行きかっているシュールな光景を想像させる。しかし、これは「雪の積もったさま」を意味している。まったく見かけと違う。

「麺」とは別にラーメンや焼きそばのことではなく、麦粉のことなのだ。「麺市《めんし》」で麦粉が売られている市場を指す。「塩車《えんしゃ》」とは塩を積んだ車のこと。麺市も塩車も真っ白だから、あわせて白い雪が降り積もった様子を描いているのだ。

唐代の詩人の詩に出てくる表現である。

とてもリリカルで幻想的な譬喩《けいゆ》なのだが、無理がありすぎるだろう。いくら何でも雪と麦粉の違いは、誰でもすぐわかるはずだ。

例文 朝起きたら、あたり一面が麺市塩車の世界になっていた。

一狐之腋《いっこのえき》

【意味】珍しくて価値の高いもののたとえ
【出典】『意林《いりん》』に引く『慎子《しんし》』

腋毛《わきげ》は臭いか

直訳すると「狐《きつね》の腋《わき》」である――しかし、いくらなんでも、そんな無意味で下らない四字熟語が（たぶん）あるわけがない。

これはもともと「狐の腋毛」という意味である。――ますます下らないじゃないかと思うかもしれないが、そうではない。

狐の腋毛は、人間のものと違い、白くて美しく希少だから、非常に珍重されたのだ。特に、狐の腋毛だけで作った皮衣は「狐裘《こきゅう》」といい、極めて高価で取引された。だから、「一狐之腋《いっこのわき》」で「珍しくて価値の高いもののたとえ」なのだ。

例文 ランタンやスカンジウムなどのレアアースは一狐之腋として取引されている。

蟹《かい》行《こう》鳥《ちょう》跡《せき》

【意味】西洋の書物と中国の書物のこと／書物の総称

漢字を発明した者とは？

そのまま読むと「蟹《かに》が行く。鳥の跡《あと》」。なんだか暗号文のようだ。

蟹は横に歩く。だから、「蟹行《かいこう》」とは横に書かれた文字のこと、西洋の文字のことである。鳥跡《ちょうせき》とは鳥の足跡ということで、漢字を表わす。

漢字は、蒼頡《そうけつ》という聖者が鳥の足跡を見て考えついたと言われる。蒼頡は未来を見通す力を持ち、目が四つあったという。

例文 蟹行鳥跡には心から飽きた。もう、西洋の本も中国の本も読みたくないんだ。だから、モンゴル語を勉強することにした。モンゴル文字は縦《たて》書きだから、まったく問題はない。

目が四つあった漢字の発明者・蒼頡

熙《き》熙《き》攘《じょう》攘《じょう》

【意味】通りに多くの人が出て賑《にぎ》やかなさま
【類義語】熙来攘往《きらいじょうおう》
【出典】『史記』貨殖伝《かしょくでん》

街角の人ごみの中で

なんだかわからない漢字の羅列《られつ》だ。

全体としては「人が多く出て賑やかで騒がしいさま」である。

「熙《き》」は「楽しむ、よろこぶ」という意味である。

見かけはまったくそういう意味には見えないのだが、これは女性が赤ちゃんにおっぱいを与えている姿がもとだという。なるほど、よく見るとそう見えなくもない。

「攘《じょう》」は「乱れる」という意味だ。

全体として、人が多く通りに出て、騒がしく、人混みができている状況が目に浮かぶ。

例文 新大久保は女子高生の群れで熙熙攘攘だった。

鬱《うつ》鬱《うつ》怏《おう》怏《おう》

【意味】気分がめいって不満を感じているさま

見かけにだまされる

「鬱鬱怏怏」ではない。

「なんだ、同じじゃないか」と思われるかもしれないが、よく見てほしい。「怏怏《おうおう》」であって「快《かい》快《かい》」ではない。本当に漢字は面倒くさい。

「怏」は「快」に見かけは似ているが、意味がまったく違う。「うらむ・満足しない」という意味だから、「気持ちいい」という意味の「快」とは、意味はほぼ正反対である。

「鬱鬱怏怏《うつうつおうおう》」で「気分がめいって不満を感じているさま」である。積極的な意味あいは何もなかったのだった。

例文 推しのアイドルのチケットが取れず、鬱鬱怏怏としている。

変《へん》態《たい》百《ひゃく》出《しゅつ》

【意味】次々に姿形を変えること
【出典】『新唐書《しんとうじょ》』芸文志《げいもんし》

華麗なる意味あいです

まるで色とりどりの服を着た変質者たちが百人、次から次へと現れるような、地獄のような光景を思わせる語だ。

だがここで言う「変態」とは「変質者」ではなく、「姿を変える」という意味である。オタマジャクシがカエルになることを生物学では「変態」と呼ぶが、それだ。

「変態百出《へんたいひゃくしゅつ》」で「次々と姿形を変える」という華麗な意味あいになる。

カフカの有名な小説『変身』(Die Verwandlung)も、実は『変態』と訳すことができるのだ。もっとも、『変態』というタイトルにすると、何か別の小説と勘違いされそうである。

例文 その可憐《かれん》なアイドルは衣装を惜しげもなく変え、変態百出のステージを見せた。

足《そく》音《おん》跫《きょう》然《ぜん》

【意味】足音が響いてくるさま／珍しい来客が訪れた時の喜び
【出典】『荘子《そうじ》』徐無鬼《じょむき》

見かけ倒しか

なんだか不気味な熟語である。

特に「跫《きょう》」という字が怖い。「恐ろしい足」というふうに読めるではないか。怪物か妖怪かなにかの不気味で巨大な足だろうか——

しかし、「足音跫然《そくおんきょうぜん》」の意味は単に「足音が響いてくるさま」である。さらには、「珍しい来客が訪れた時の喜び」という前向きな意味があるのには驚く。

「跫」には「恐ろしい」という意味はまったくなく、単に「あしおと」という意味なのだ。完全に見かけ倒しの熟語である。

例文 大学時代の懐かしい友達が、突然家を訪ねてくれたのは足音跫然だった。もっとも、なぜか妙な健康食品やフライパンを勧められたのには参ったが。

滑《こっ》稽《けい》之《の》雄《ゆう》

【意味】知恵がとめどなく湧き出てくる賢者
【出典】『漢書《かんじょ》』東方朔伝《とうほうさくでん》

宮廷のトリックスター

油断していると、「こっけいのおす」と読んでしまうだろう。さらに油断していると、「滑稽《こっけい》でおもしろい男のこと。男性コメディアン」などと解釈してしまうだろう。

だが、読み方は「こっけいのゆう」である。

「滑稽」は現代日本では「おもしろおかしいこと」という意味だが、もとは「巧みな言葉で相手を言いくるめること」だ。「滑稽之雄《こっけいのゆう》」で「知恵がとめどなく湧《わ》き出てくる賢者」という極めて真面目な意味になる。

古代中国の宮廷には、流れるような機知で君主を諫《いさ》めたり助言したりする「滑稽之雄」がいたという。やはり、西洋の阿呆《あほう》のようなトリックスター的な存在が必要だったのだろう。

例文 彼は滑稽之雄で才気煥発だったがゆえに、かえって信用されなかった。

夏《か》癸《き》殷《いん》辛《しん》

【意味】夏《か》の桀《けつ》王と殷《いん》の紂《ちゅう》王のこと／暴君

古代中国のピカレスク

夏《か》の桀《けつ》王と殷《いん》の紂《ちゅう》王は、古代中国の暴君として有名である。

夏は伝説では中国最古の王朝とされている。その王であった桀は、末喜《ばっき》という美女に夢中になり、政治を怠った。豪華な宮殿に妾を集め、肉を山のように積んで淫靡《いんび》な宴会に耽り、猥褻な音楽を奏でさせた。その結果、夏は滅亡してしまった。

歴史は繰り返す。夏の次の王朝である殷にも暴君は現れた。それが紂である。

紂は頭脳明晰で肉体的にも強健だったが、自らの能力におごり高ぶっていた。妲己《だっき》という美女に溺れ、彼女の言いなりになってしまった。

人民から重い税を搾《しぼ》り取り、財宝を集め、豪華な宮殿を作り、卑猥な音楽を奏でさせながら、酒池肉林（78ページ）の宴に耽《ふけ》った。これに逆らう者は、残酷な刑罰で殺した。

紂には多くの愛人がいたが、そのうちの一人は、淫乱な振る舞いを好まなかった。紂は怒ってこの女を殺し、その父親の肉を塩漬けにしてしまった。これに苦言を呈した家臣も殺害し、その肉は干し肉にしている。

さすがに多くの家臣はうんざりし、国外逃亡してしまったが、紂は行いを改めない。叔父の比干《ひかん》が強く紂を諫《いさ》めたら、紂はこう言った。

「聖人の胸には七つの穴が空いているというが、本当だろうか」

そして、比干の胸を生きたまま切り裂き、その心臓を見て喜んだという。

あまりのひどさに諸侯は離反し、宮殿に攻め込んだ。追い詰められた紂は、宝石をちりばめた服を身に着けたまま、燃えさかる炎に身を投じて死んだという。

「あまりにもひどい！」と激怒される方もいるだろうが、これらの話がどこまで本当かはわからない。

中国では新しい王朝を正当化するために、滅ぼされた王朝のことはひたすら悪く言うものなのだ。「こんなに悪政を敷《し》いていたから、新しい王朝に討たれたのだ」というわけだ。

歴史は勝者と強者が作るのである。

例文 取締役会で緊急動議が発せられ、夏癸殷辛の社長は圧倒的多数の賛同で降ろされた。

言《けん》言《げん》

【意味】唇が強く締まっているさま

言言と言言の違いは

「言言」ではない。

よく見ていただきたい。「言」も「言」も明らかに「言」とはちがう字だ。

「言《けん》」は「言」の一番下の横線が抜けた文字、「言《げん》」は「言」の下から二番目が抜けた字である。

「言言《けんげん》」で「唇が強く締まっているさま」を意味する。

横棒がそれぞれ抜けているのに「締まっているさま」とは妙だが、そうだと言われているからしかたない。

例文 そのスパイは唇を言言とさせ、ひたすら苦痛に耐えていた。

金《きん》亀《き》換《かん》酒《しゅ》

【意味】酒を深く愛することのたとえ
【出典】李白《りはく》「酒に対して賀監《がかん》を憶う」

シュールな交換技

文字通り読むと「金の亀を酒と換える」。シュールな交換技である。出典は李白《りはく》の詩。李白は唐の大詩人で、酒と放浪をこよなく愛した無頼《ぶらい》の民でもあった。最後は、湖に映った月の影を取ろうとして溺れ死んだと言われている。

「金亀換酒《きんきかんしゅ》」は李白が亡くなった友・賀知章《がちしょう》を偲《しの》んで歌った詩に出てくる。賀知章は酒飲みで放埓《ほうらつ》な生活を送った詩人で、李白の才能を早く見抜いた人でもあった。

詩の中で李白は、二人で金の亀を売り、酒に換えたあの頃を懐かしんでいる。よほど二人とも酒を愛し、そして金がなかったのだろうか。

どこか心に染み入るような詩だ。

例文 金亀換酒な彼は、いつも夜の酒場をさまよい歩いていた。

寒《かん》山《ざん》拾《じっ》得《とく》

【意味】寒山《かんざん》と拾得《じっとく》のこと

勝手に崇拝されて……

寒山《かんざん》とは、唐の時代、国清寺《こくせいじ》の近くにある寒山の洞窟に棲《す》んでいた男である。ボロボロの服を着て、何やらブツブツ独り言を言い、歌を歌い、時には大声で笑ったり叫んだりする。どうやって生活していたのかというと、国清寺には拾得《じっとく》という食事係の男がいて、彼から残飯を恵んでもらって生き延びていたのだ。

「なんだ、ただの変な人じゃないか」と思うかもしれないが、そうではない。寒山と拾得は、聖者として崇められていたのだ。なんだかよくわからないが、ブツブツと意味不明なことを呟いていたり、叫んでいたりするので、それがあたかも深い仏の教えを秘めているように聞こえたのである。

ある時、一人の偉い役人が寒山と拾得の噂を聞き、国清寺までやってきた。二人は台所にいて、何やら話しながら笑っていた。役人が二人に近づき、うやうやしく跪《ひざまず》いて拝み始めると、二人は爆笑し、「バカめ。わしらを拝んで何になるんだ！」と喚《わめ》いた。そしてそのまま行方をくらませたという。

……何が何だかよくわからない話だ。しかし、寒山と拾得はその自由かつデタラメな生き方が多くの人の共感を呼び、禅の理想とされ、多数の画家が彼らの絵を描いている。天才と変人は紙一重という感じだろうか。

例文 私も寒山拾得のように、みすぼらしい服を着て、訳のわからないことを喚きながら生きようかな。きっと誰かがやって来て、勝手に崇拝してくれるだろう。

行《こう》尸《し》走《そう》肉《にく》

【意味】無学無能で存在価値のない人のたとえ
【類義語】飲食之人《いんしょくのひと》・走尸行肉《そうしこうにく》・禽息鳥視《きんそくちょうし》
【出典】『拾遺記《しゅういき》』六

ゾンビかキョンシーか

「歩く死体と走る肉」という恐ろしい熟語。

ゾンビか何かだろうか。ホラー映画に出てきそうである。

これは「生ける屍《しかばね》」ということだ。古代中国の『拾遺記』というホラー小説を集めた本に出てくる熟語で、そこには「人間は学ぶことが好きなら、死んでも生きているようなものだ。学ばない者は、生きていても歩く死体や走る肉だと言うしかない」と、かなりきついことが書かれている。

この熟語には、飲食之人《いんしょくのひと》・走尸行肉《そうしこうにく》・禽息鳥視《きんそくちょうし》……と、妙に類義語が多い。世界中に無学無能な人間が溢《あふ》れているのだろうか。

例文 たとえ行尸走肉でも、生きる意味は（たぶん）あるんだよ。

泰《たい》山《ざん》圧《あつ》卵《らん》

【意味】あまりに簡単に物事がなされること
【類義語】猛獣呑狐《もうじゅうどんこ》
【出典】『後漢書《ごかんじょ》』広陵思王荊伝《こうりょうしおうけいでん》

チンピラと卵

泰山《たいざん》は中国の山東省《さんとうしょう》にある山である。

道教の聖地であり、古代に皇帝が国家統一を天に報告する「封禅《ふうぜん》の儀式」が行われたことで知られている。

「泰山圧卵」は、泰山が卵を押しつぶすという意味だ。

泰山と卵の取り合わせはシュールというしかないが、これは「いとも簡単なこと」のたとえなのだ。泰山は大山とも書くから大きく重たいもののたとえ、卵はもろく弱いもののたとえなのだろう。

例文 私のような空手八段の腕前からしたら、チンピラ二十人くらい片づけるのは泰山圧卵だと言うしかない。

長《ちょう》安《あん》日《にっ》辺《ぺん》

【意味】遠い場所のたとえ／機知に富んでいるたとえ
【出典】『世説新語』夙恵《しゅくけい》

太陽と長安はどちらが遠いか

晋の時代、元帝が幼い太子に聞いた。「長安と太陽はどちらが遠いかい」

太子は答えた。「太陽の方が遠い。太陽から来たという人の話は聞きませんから」

元帝はこの賢い答えに感心した。次の日、宴会の席で同じことを聞いたら、今度は「太陽のほうが近い」と言うではないか。

元帝が驚いて「なんで昨日と答えがちがうんだ」と言うと、太子は答えた。「太陽は見えるけど、長安は見えませんからね」

太子の機知を称賛した話である。しかし、見方によっては、子どもの戯言《ざれごと》に大人が振り回されているように見えなくもない。ひょっとしたら、太子は別に機知に富んでいたわけではなく、単に昨日の答えを忘れてしまっただけかもしれない。

例文 その長安日辺の詩人は、次々に名文句を紡《つむ》ぎ出し、たちまちサロンの輝ける星になった。

平《へ》等《ら》平《へい》等《とう》

【意味】平等なさま／むやみやたらと

無理がありすぎる

「びょうどうびょうどう」ではない。「へらへいとう」または「へらへいと」と読む。こういう読み方の名前の人はいそうだ。

無理がありすぎる読み方なのだが、これは一種の「文選《もんぜん》読み」だという。

『文選』とは六世紀に中国で成立した詩文集で、昔の日本のインテリたちはこぞって読んでいた。十七条憲法や『万葉集』『源氏物語』もこの書の影響を受けたとされる。

だがもともと中国の書物なので、日本人にはわかりにくい。だから、たとえばキリギリス（現代のコオロギ）を意味する「蟋蟀」は「しっしゅつのきりぎりす」というように、音読みの後に訓読みを重ねて読んだのである。かなり苦しいな。

例文 彼女はすべての人間を平等平等に憎んでいたから、極めてリベラルで差別心のない人と言えるだろう。

白兎赤烏《はくとせきう》

【意味】時間、月日のこと
【類義語】金烏玉兎《きんうぎょくと》
【出典】白居易《はくきょい》「酒を勧む」

老いることのない美女

「白い兎《うさぎ》と赤い烏《からす》」だ。意味は「時間」である。

なぜそんな意味になるのか。

中国では古来、月には兎が棲《す》んでいると言われてきた。日本とよく似ているが、これは中国からの影響だろう。

なお、中国では兎が杵《きね》でついているのは餅《もち》ではなく、「薬」である。嫦娥《じょうが》という美女が女神の西王母《せいおうぼ》から不老不死の薬をもらい、月に逃げこんだという言い伝えがあるからだ。

また、太陽には三本の足を持つ烏（三足烏《さんそくう》）が住んでいるとされてきた。

それで、兎は月、烏は太陽を象徴し、白兎赤烏《はくとせきう》で「時間・月日のこと」を意味するわけだ。

例文 縦・横・高さの三次元に白兎赤烏を加えると四次元になる。

竜《りょう》跳《ちょう》虎《こ》臥《が》

【意味】筆致が自由奔放なさま

紙が破れるぞ

竜が天に向かって力強く飛び跳ね、獰猛《どうもう》な虎が大地に身を伏せている。非常に壮大で勇猛《ゆうもう》な光景である。豪傑たちが戦場で闘う姿を描いているのか——と思ったが、まったくちがう。

これは、王義之《おうぎし》の筆致を形容した言葉だ。王義之は四世紀中国の書家で、書を芸術の域にまで高め、「書聖」と呼ばれて崇《あが》められている。

しかし、いくら王義之の筆遣いが力強く自由闊達《かったつ》だったと言っても、竜が飛び跳ねたり虎が寝転がったりは大げさすぎないか。絶対に紙が破れるだろう。

例文 彼女の書いたメモは、竜跳虎臥すぎてまるで古代マヤ文字だ。

丿《へつ》乀《ふつ》

【意味】舟などが揺れ動くさま

芸がなさすぎる

ただの落書きではない。本当に実在する熟語だ。

「丿《へつ》」は、線を左に払っただけだが、実在する漢字。意味は「右から左に曲がる」。そのままだ。

「乀《ふつ》」も線を右に払っただけなのだが、意味は「左から右に曲がる」。芸がなさすぎるだろう。

そして「丿乀《へつふつ》」で「舟などが揺れ動くさま」を意味する。

確かに舟の上から水面《みなも》を見ていると、こんな模様を眺めることができるだろう。

例文 舟の丿乀を眺めていると、本当に水面には丿と乀の字が描かれていた。

第二章

愛と美の熟語

丫《あ》丫《あ》

【意味】少女

あどけない丫丫

〝YY《ワイワイ》〟ではない。ただの落書きでもない。

「丫」という漢字が本当にある。

意味は「ふたまた」。まったく見たままである。確かに二つに分かれている。

もう一つの意味は「あげまき」。これは幼児の髪型のことである。これも見たままだろう。

この漢字を二つ使った「丫丫」という何かの記号としか思えない熟語がある。

読み方は「アア」。なんとなく情けない。

意味は「あげまきに髪を結《ゆ》った幼女。少女」だ。かなり無理をしたら、日常生活でも使えそうな熟語である。

例文 僕は高校の時の学園祭で、その美しい丫丫と出会った。

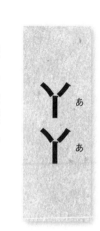

蛾眉《がび》

【意味】美人

蛾《が》に眉《まゆ》はあるのか

文字通り訳すと「蛾の眉」である。蛾にはたぶん眉はないと思うが、これは美人の形容だ。

中国では長い間、女性の眉の形がとても重視されてきて、蛾の触角のように細く弧《こ》を描いた眉、つまり「蛾眉《がび》」が美人の条件とされてきたのだ。

もっとも、実際には眉を剃《そ》ってその上から黛《まゆずみ》で眉を描いたというから、後からなんとでもできそうだ。

美人の条件は時と場所により変わる。バブル時代の日本では太く濃い眉の女性がイケてるとされたと知ったら、古代中国の女性は蛾眉をひそめたかもしれない。

例文 その蛾眉は昨夜の嫌なことを思い出し、思わず蛾眉をひそめた。

蛾眉の麗しい楊貴妃
（上村松園筆）

氷《ひょう》肌《き》玉《ぎょっ》骨《こつ》

【意味】美人のたとえ
【類義語】曲眉豊頬《きょくびほうきょう》・氷姿玉骨《ひょうしぎょっこつ》・明眸皓歯《めいぼうこうし》
【出典】孟昶《もうちょう》「王楼春《おうろうしゅん》」

「玉に似た骨」とは何か

『奇妙な漢字』（ポプラ新書）という本で「玡」という漢字を取り上げた。

この漢字には「たまににたほね」という妙な訓読みがある。「玉に似た骨」とは何か。誰でも思い悩むだろう。「玉」とはボールではなく、宝石のことだとしても、ますます意味不明だ。

さて、この「氷肌玉骨《ひょうきぎょっこつ》」。「氷肌」は氷のように清らかな肌という意味。「玉骨」を辞書で引いたら「美人の骨」と書いてある。

なぜそこまで「骨」にこだわるのかわからない。私なら美人は骨だけではなく全体を愛したいのだが、「氷肌玉骨」で美人を意味する。「骨」には姿という意味もあるから、そういう塩梅《あんばい》だろうか。

例文 紗久良《さくら》がタンクトップを着て現れた姿は、まさに氷肌玉骨という感じだった。

懐《かい》玉《ぎょく》有《ゆう》罪《ざい》

【意味】自分にふさわしくないものを持つと、災いにあう
【出典】『春秋左氏伝』桓公十年

玉を抱いて罪あり

日本語では「玉を抱いて罪あり」などという。私は長い間、この言葉は何か艶《なま》めかしい意味だと思っていた。おそらく、「玉」という表現に引っかかっていたのだろう。

しかし、「玉」はボールではなく、「美しい石・宝石」という意味である。邪推は禁物だ。

春秋時代、虞《ぐ》の国の君主の弟が美しい宝石を持っていた。君主はその宝石を欲しがり、俺に譲れと言ってくるので、弟は「身分の低い者に罪はないが、宝玉を手にすることは罪だ」と考え、宝石を君主に差し出してしまった。

ところが、君主はこれに飽き足らず、今度は弟の持つ宝剣を欲しがりはじめた。弟は命の危険を感じて、反乱を起こして君主を国外追放してしまったという。

例文 懐玉有罪というから、君がそんな豪華な宝石を持っていたところで、ろくなことにならないよ。僕にくれ。

班《はん》女《じょ》辞《じ》輦《れん》

【意味】君主をたしなめる賢女のたとえ
【出典】『漢書』孝成班倢伃伝《こうせいはんしょうよでん》

女たちの権謀術策？

漢の成帝は、班倢伃《はんしょうよ》という女官を熱愛していた。

ある時、成帝は倢伃に「わしと一緒に車に乗らないか」と誘った。

皇帝とともに車に乗れるのだから、こんな光栄なことはない。

普通の女なら、一も二もなく同乗するだろうが、倢伃はこう言って断ったのだ。

「昔の絵を見ておりますと、名君の周りには優れた臣下がいますが、王朝の末期の君主は、周りにお気に入りの女を侍《はべ》らせています」

このお話から、班倢伃は君主にも意見できる賢い女として誉《ほ》め讃《たた》えられた。

……しかし、この話をそんなに持ち上げていいものだろうか。

君主の寵愛を得ようとする女性たちは多く、その間ではすさまじい争いが繰り広げられただろう。

君主と一緒に車に乗ったということで、女官たちの大変な嫉妬をかい、激しい嫌がらせを受けるかもしれない。班倢伃はそれを避けるために車の同乗を断った、と深読みできないだろうか。

日本の江戸時代の大奥でも、将軍の子どもを身ごもった女性に対する妬《ねた》みはものすごく、しばしば女たちから腹を殴られたり、毒を盛られたりしたという。流産させるためである。

しかし、班倢伃の末路は、この故事ほど目覚ましいものではなかった。成帝の愛は別の女性に移り、班倢伃は寵愛を失ってしまうのだ。

班倢伃の名になるこんな詩が残っている。

「夏の頃、あなたは団扇《うちわ》を懐に入れて、いつも持ち歩いていました。でも、夏が終わって冬が来ると、あなたは団扇のことなど忘れて、タンスの中に置き去りにしないでしょうか。それが怖いのです」

自分の身の上を団扇にたとえて、皇帝の愛を失う不安、心の震えをみごとに描いている――と言いたいところだが、残念ながらこの詩は別人の作品だとされている。

例文 あのクラブのママは、政界の大物に意見したり、下手したら扇子で頭を叩いてたしなめたりするが、まさに班女辞輦という感じである。

沈《ちん》魚《ぎょ》落《らく》雁《がん》

【意味】絶世の美人
【類義語】羞花閉月《しゅうかへいげつ》
【出典】『荘子』斉物論《せいぶつろん》

首が長いのが美人の条件？

「絶世の美人」を意味する熟語。文字通り解すると、「あまりに美人すぎて、魚は深く隠れ、雁《がん》は空から落ちて身を潜《ひそ》める」ということ。動物たちが自分たちの姿が恥ずかしくなって身を隠すほどの美人、という意味だ。

どこまで美人なんだ、と思うかもしれないが、出典の『荘子』を読むと、かなり意味が違う。こう書いてある。「どんな美人でも、彼女たちを見ると、魚や鳥、鹿などは恐れて逃げ出してしまう」

つまり、人間の美人でも動物から見ると恐ろしいだけなので、価値というものは絶対的なものではない、という話なのだった。日本の平安時代ではしもぶくれで細い眼が、ミャンマーのカヤン族では長い首が美人の条件とされている。

例文 街でものすごい沈魚落雁を見かけ、思わず見とれてしまった。

鏡《きょう》花《か》水《すい》月《げつ》

【意　味】目には見えるが手に取れないもののたとえ
【類義語】水月鏡像《すいげつきょうぞう》
【出　典】裴休《はいきゅう》の文

月の影が砕け散る

「鏡に映った花と水に映った月」ということ。模糊《もこ》として、何のことかわからないかもしれない。そう、「何のことかわからない」ことを指す熟語だ。

鏡に映る花も水に映る月も、どちらも美しいが、手に取ることはできず、はかない存在である。花を手に取ろうとすると鏡の面《おもて》に指が触れるだけ、月をつかまえようとすると、水の中に月の影は千々《ちぢ》に崩れ去る。

文芸の表現方法を表わす語である。物をあからさまに表現せず、しかしそのものの姿をありありと眼前に投ずる手法だ。

例文 あなたはまるで鏡花水月で、手に触れようとすると、いつも僕の指の間をすり抜けていく。永遠に僕のものにはならないのか。

傾《けい》国《こく》／傾《けい》城《せい》

【意味】絶世の美女／遊女
【出典】『漢書』外戚伝

世界を破滅に追いやる美女

紀元前二世紀、前漢《ぜんかん》の孝武帝《こうぶてい》の前で、一人の歌手がこんな歌を歌った。

北に美人がいる／絶世の美貌でこの世に一人しかいない／この美女が流し目を送ると、
男は城を傾ける／二度流し目を送ると、国を傾ける／わかってる、城を傾け国を傾ける
ことの愚かさは／しかしこんな美女はほかにいない

美女を意味する「傾国《けいこく》」「傾城《けいせい》」のもとになった歌である。

しかし、国を滅ぼしてしまう美女とは、なんと恐ろしく不吉なものか。武帝はこの歌に恐れ戦《おのの》いたかというとそんなことはなく、この歌に歌われた美女を呼び寄せ、妃《きさき》にしてしまった。これが李夫人《りふじん》である。

李夫人は若くして亡くなった。病に伏せる李夫人を孝武帝は見舞いに赴《おもむ》いたのだが、夫人は夜具《やぐ》をかぶったまま顔を見せようとしなかった。

「私は病気で容貌が衰えていますので、とてもお会いすることはできません。……私が帝の寵《ちょう》愛《あい》を受けたのは、容姿が美しかったからです。病を得て容貌が崩れた私を御覧になれば、愛を失ってしまうでしょう」

李夫人は自分の存在価値を十分理解し、いわばプロの美人としての役割を演じたと言えよう。もっとも、李夫人が本当に国を滅ぼしてしまったわけではない。あくまで文学的レトリックである。

中国で「傾城の美女」としてもっとも名高いのは楊貴妃《ようきひ》だろう。

楊貴妃は、唐の玄宗《げんそう》の息子である李瑁《りぼう》の妃だったが、あまりにも美しい女性だったので、玄宗が略奪して自分の妃にしてしまったのだ。

玄宗は楊貴妃の麗《うるわ》しさに溺れ、政治を顧《かえり》みなくなった。やがて、楊貴妃のまたいとこで無頼漢だった楊国忠《ようこくちゅう》が宮廷登用され、しまいには宰相にまで出世してしまった。

これをよく思わなかったのが辺境警備軍の長官だった安禄山《あんろくざん》で、安史《あんし》の乱を起こし、首都の洛陽《らくよう》を占領してしまった。玄宗は楊貴妃を連れて逃走を図ったが、途中で楊貴妃は兵士らに殺害されてしまう。

安史の乱は八年で鎮圧されたのだが、これにより唐は衰亡へと向かうのだから、本当に楊貴妃は傾国の美女だったと言えるかもしれない。

それにしても、国や世界を破滅に陥れるような美女と、一度はお知り合いになりたいものだ。

例文 美人の基準は時代と地域により変わるから、傾国も別の国に生まれていたら、まったく問題にされず生涯を終えることになったかもしれない。

李夫人の絵。傾城ぶりは伝わるだろうか。『百美新詠』より

喋《ちょう》喋《ちょう》喃《なん》喃《なん》

【意味】男女が仲睦《なかむつ》まじくささやき語り合うさま

映画館の暗がりの中で

「喋喋《ちょうちょう》」は口数が多いさま、「喃喃《なんなん》」は小声でささやくこと。「喋喋喃喃」で男女が仲睦《なかむつ》まじくささやき語り合うさまを意味する。

それにしても、「ちょうちょうなんなん」という響きがいい。本当に親密なカップルが身を寄せ合い、耳元でささやきあうのを聞くようだ。どこか猥褻なトーンがある。

この「喃」は「しゃべる」という意味だが、「のう」という訓読みもある。「のう！」と相手に語りかけるときの日本語だ。こんな漢字まであるとは――

「喃語《なんご》」という妙な熟語もある。これには「赤ちゃんが発する言葉にならない声」という意味がある。「あー」とか「ばぶ」とか「ままま」とかいう声である。言葉になってないのだから、こんな言葉をわざわざ作る必要はないと思うが、どうか。

例文 映画館の暗がりの中で、男女が喋喋喃喃していた。

桑《そう》間《かん》濮《ぼく》上《じょう》

【意味】淫乱な音楽。国を滅ぼす音楽
【出典】『礼記』楽記

国を滅ぼす音楽とは

春秋時代、衛《えい》の霊公《れいこう》が晋《しん》に赴《おもむ》いたとき、濮水《ぼくすい》という川のほとりの桑間《そうかん》を通りかかった。すでに日が暮れてきたので、そこで野営することにした。

ところが真夜中すぎに、川の中から何やら不思議で精妙な音楽が聞こえてくるではないか。それは胸を食い破るほど妖《あや》しい調べだったので、霊公は起き出し、音楽士の涓《けん》を呼び、その音楽を書き写させた。

その後、霊公の一行は晋に辿《たど》り着き、盛大にもてなされた。宴《うたげ》の途中で、霊公は「すばらしい曲があります」といい、濮水で聴いた類まれな音楽を楽師に奏でさせた。謎めいた、この世のものとは思えない妖《あや》しい響きが宴の席の上を舞いはじめた。

すると、晋の楽師が立ち上がり、この曲をやめさせた。

「これ以上演奏してはならない。これは国を滅ぼす音楽です」

この淫靡《いんび》で猥褻《わいせつ》な音楽は、殷《いん》の暴君・紂王《ちゅう》（32ページ）が楽師の師延《しえん》に作らせたものだった。紂王が周《しゅう》の武王《ぶおう》に討《う》ち取られたとき、作曲者の師延は東に逃げ、濮水に身を投げて死んだという。だからこの曲は、濮水でしか聞こえることはない。そして、この曲を聞いた君主は、必ず国を破滅させるというのだ。

では、「国を滅ぼす音楽」というのはどんなものだろうか。『礼記』には「清角」という曲についてこう記されている。

それによると、晋の君主の前で清角を奏でると、たちまち黒い雲が空に湧《わ》きおこり、大風と大雨が襲いかかり、建物を破壊し、宴に来ていた人々は散り散りになって逃げ出した。君主は、ただなすすべもなく怯《おび》え震えるだけだった。

その後、晋には大旱魃《だいかんばつ》がやって来て、三年間も草木が生えることがなかったという。いったいどこまですごい音楽なんだ、この清角とは。

四字熟語を調べていると、しばしば「淫《みだ》らな音楽」というフレーズが出てくるのだが、それがどういうものだったのか、今となってはよくわからないのが残念だ。ワーグナーの「イゾルデの愛の死」とか、ジェームズ・ブラウンの「セックスマシーン」といった曲なのだろうか。

例文 リヒャルト・シュトラウスのオペラ「サロメ」は、桑間濮上だとして、発表当時激しい批判にさらされた。

柳眉倒豎《りゅうびとうじゅ》

【意味】美人が眉をつりあげて怒るさま
【類義語】横眉怒目《おうびどもく》・張眉怒目《ちょうびどもく》
【出典】『水滸伝《すいこでん》』

怒る美女は美しいのか

「柳眉《りゅうび》」とは「柳《やなぎ》の葉のように細くて美しい眉」という意味で、ひいては美人を指す。「蛾眉」（47ページ）と同類だ。

「倒」は逆さまにする、「豎《じゅ》」は立てる。つまり、「柳眉倒豎《りゅうびとうじゅ》」で「美人が眉をつりあげて怒るさま」を描いている。

その姿を想像すると恐ろしいのだが、一方で美人は怒っても麗《うるわ》しいだろうな、という気もする。

柳眉倒豎は、美女の怒りよりも、怒ってもなおさら際立つ美しさを表現しているのかもしれない。

しかし美人だろうがなんだろうが、女性とは喧嘩したくないものだ。この世が終わりそうである。

例文 課長が朝から柳眉倒豎して部下を怒鳴っていたので、しばらく近寄らないようにしよう。

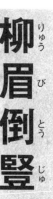

羞《しゅう》花《か》閉《へい》月《げつ》

【意　味】絶世の美女
【類義語】沈魚落雁《ちんぎょらくがん》
【出　典】揚《よう》果《か》「采蓮女曲《さいれんじょきょく》」

花は恥じらい月は身を隠す

美女にまつわる熟語はとても多い。きりがないので、ここでまとめて紹介してしまう。**羞花閉月**《しゅうかへいげつ》は「花も恥じらい、月も身を隠してしまうほどの美人」ということ。天変地異を引き起こすほどの美貌なのだろう。**肌肉玉雪**《きにくぎょくせつ》は「美しい雪のように白い肌」ということ。中国では白い肌が美女の条件とされてきた。これは、肉体労働をしないから日焼けをしていない、つまり高貴で裕福な女性という意味だろう。**紅粉青蛾**《こうふんせいが》の「紅粉」はべにとおしろい、「青蛾」は青く描いた蛾の触角のように美しい眉ということで、「紅粉青蛾」で美人を意味する。もっともメイクのことしか言っていないのだが……。これなら誰でも真似できそうだ。

例文 舞踏会に羞花閉月が現れた時、人々は思わずため息をつき、彼女の行く先をあけた。

三《さん》千《ぜん》寵《ちょう》愛《あい》

【意味】後宮の多くの女性にかけられる寵愛
【出典】白居易《はくきょい》『長恨歌《ちょうごんか》』

三千人分の愛をあなたにあげる

美人の姿形だけではなく、行動や待遇を表わした熟語も多い。**媚眼秋波《びがんしゅうは》**――「媚眼」は媚《こ》びる艶《なま》めかしい目つき、「秋波」は美人のすずしげな目元。全体で「美人の媚びるような艶めかしい目つき」を指す。**粉愁香怨《ふんしゅうこうえん》**というものすごい熟語もある。「粉」はおしろい、「香」は香料のことで、「美女が愁《うれ》い怨《うら》むさま」という意味だ。美しいだけあって、その怨念も深甚《しんじん》なのだろう。一度見てみたいような、怖いような情景だ。

三千寵愛《さんぜんちょうあい》は楊貴妃にまつわる言葉である。皇帝である玄宗の後宮には三千人もの美女がいたが、絶世の美人である楊貴妃はその三千人の寵愛を独り占めにしてしまったという。きっと壮大なやっかみを受けたのだろう。

例文 あの歌手は事務所社長の三千寵愛を受け、みごとにデビュー曲を大ヒットさせた。

投《とう》瓜《か》得《とく》瓊《けい》

【意味】男女が愛の証にプレゼントすること
【出典】『詩経』衛風・木瓜《ぼくか》

僕に瓜を投げつけて！

直訳すると「瓜《うり》を投げて玉を得る」である。何のことやらわからないかもしれない。

これは、古代中国の風習である。当時は果樹園に男女が集まり、女は好きな男に木瓜《ぼけ》の実を投げつける習慣があった。

男は「この娘、いいな」と思ったら、彼女に玉をプレゼントするのである。「玉」とは別にボールのことではなく、「美しい石」ということだ。今で言うと宝石のようなものだろう。

これでカップルが成立したことになる。これは「歌垣《うたがき》」の一種だ。歌垣とは、男女が歌ったり踊ったりしながら求愛する遊びで、古代日本や東南アジアなどでも行われていた。別に現代日本人とは関係のないものではなく、日本の花見や潮干狩りは歌垣の変化したものだとも言われている。

例文 私も早く彼氏を作って、投瓜得瓊しあいたい。

赤《せき》縄《じょう》繫《けい》足《そく》

【意味】結婚が整うこと／結婚することのたとえ
【類義語】月下老人
【出典】『続玄怪録《ぞくげんかいろく》』

「運命の赤い糸」のルーツとは

唐の時代、韋固《いこ》という男がある夜に外に出かけると、月明りの下で本を読んでいる不思議な老人を見た。

「それは何の本ですか」と韋固が問えば、老人は「これはこの世の書物ではない。結婚を管理する帳簿なのだ」と答えた。

韋固はこの答えに興味をそそられ、さらに問いかけた。

「私は早く結婚したいのですが、十年間探してもこれはと思う女性に出会えません。私と結婚してくれる女はどこにいるんでしょうか」

老人は答えた。

「まだ時は来ていないよ。あんたの未来の嫁さんはまだ三歳だ。あんたに出会えるのは十四年後だよ」

老人は持っていた袋の中を見せた。

「これは、運命の夫婦の足を結ぶ赤い縄《なわ》だよ」

「では、私の運命の女性はどこにいるんです？」

「市場で野菜を売ってる婆さんの娘だ。一緒に見に行くか」

二人で市場まで出かけると、むさ苦しく汚い身なりの老婆が、幼い女の子を抱いていた。

「あれがおまえの未来の女房だ」

韋固は激怒した。

「ふざけるな。あんな汚い婆さんの娘と結婚できるか。俺の嫁は、家柄のいい美人だと初めから決まってるんだ」

老人が姿を消した後、韋固は下男に「あの娘を殺してこい」と命じた。

下男は本当に娘の暗殺に赴《おもむ》いた。市場に出かけ、娘に刃物を突き立てた。刃は心臓には当たらなかったが、眉間には確かに命中した。

それから十四年がたった。韋固は、ようやく結婚相手に巡りあえた。それは郡の長官の娘で、十七歳の美しい乙女だった。韋固は心から満足した。

しかし、この女には不審なところがあった。いつも眉間に造花を貼りつけているのだ。彼女はそれを風呂の中ですら外さない。結婚してから一年たってもこの調子なので、韋固は不審に思い問いただすと、女は涙を流しながらこう言った。

「実は私は長官の実の娘ではなく、養女なのです。私がまだ幼いころに、家族がみな亡くなってしまって、乳母に育てられたのです。乳母は貧しいながらも、野菜を売りながら私を育ててくれました。ところが、私は三つの時、市場で何者かに刃物で刺されてしまったのです。その傷がまだ残っていますので、造花で隠しているのです……」

韋固は驚愕した。そしてこう言った。

「実は、おまえを刺させたのは俺なんだ……なんてことだ。これも運命だな」

つまり、老人の予言は完全に正しかったのだ。

この話から、赤縄繋足《せきじょうけいそく》という言葉が生まれた。日本語の「赤い糸で結ばれている」という表現の発端はここだろう。

三歳の娘を暗殺に行くのはかなり無茶な話だが、それでも娘は死なず、運命によって男と結ばれていると強調したかったのだろう。

例文 赤縄繋足は不思議なもので、この世の条理を超えている。

巫山之夢《ふざんのゆめ》

【意味】男女のまじわり
【類義語】殢雨尤雲《ていうゆううん》
【出典】『文選《もんぜん》』宋玉《そうぎょく》「高唐賦《こうとうのふ》」

山の頂《いただき》に住む娘

戦国時代の楚《そ》の国。王が昼寝をしていると、夢の中に若く美しい女が現れ、こう言った。

「私は巫山《ふざん》の頂に住む娘です。寝所でお仕えしたいのです」

王はこの美しい娘を愛した。

女は去り際に、こう言った。

「私は朝は雲になり、夕べは雨になって、ここを訪れるでしょう」

朝になった。王は夢から覚め、巫山の頂を眺めると、そこには本当に雲が湧きおこっていた。

女は山の女神であり、そして約束を守ったのだ。

この話から、男女のまじわりのことを巫山之夢《ふざんのゆめ》という。妙に雅《みやび》な呼び方だ。

例文 高校卒業までは巫山之夢をしてはだめだ、と教師に厳しく言われた。

つい間違えがちな熟語 その❶

姑息《こそく》

「姑」は「しゅうとめ」とも読むが、「しばらく」という意味もある。「息」は「休む」で、「姑息」で本来は「一時しのぎ」ということ。「卑怯な」という意味で使うのは、本来は誤用。

確信犯《かくしんはん》

「正しいと確信して行われる犯罪」がもとの意味だが、最近は「悪いとわかっていて行われる犯罪」の意味で使われるので、辞書では二つの意味が載っていることがある。

役不足《やくぶそく》

「その人の能力に対して役割が軽いこと」を意味する。混同しやすいのが「力不足」で、これは「役割に対して力量が不足していること」。「あの人には経験がないので、リーダーになるのは役不足だ」というのは誤用である。

檄文《げきぶん》

「檄」とは、古代中国において招集や説諭を書いた木の札を指す。だから「激文」と書くのは誤り。

雪辱《せつじょく》

「恥を雪《すす》ぐ」、つまり「仕返しをして恥を消し去ること」を意味する。だから「雪辱を果たす」が正しい言い方で、「雪辱を晴らす」という言い方は論理的におかしい。

第三章
知っているようで知らない熟語

君子《くんし》豹変《ひょうへん》

【意　味】君子はあやまちをすばやく認め、態度や意見を改めること

【類義語】大人虎変《たいじんこへん》

【対義語】小人革面《しょうじんかくめん》

【出　典】『易経《えききょう》』革《かく》

無節操に変化しよう

現代日本では、この熟語は「態度や意見を無節操に変えること」という意味で非難まじりに使われることが多いが、本来はちがう。

君子とは教養があり人格的に優れた人のこと。豹《ひょう》は季節が変わると毛が抜け替わり、まだら模様がはっきりと美しくなる。まさにそのように、「君子はあやまちをすばやく認め、態度や意見を改めること」という、極めてすばらしい意味なのだ。

だから、どんどん無節操に変わり続けてかまわないわけだ。

例文 意見を変えないことなど簡単だ。頭が固ければいいのだから。優雅に君子豹変する方がはるかに困難で、有益なのである。

月《げっ》下《か》推《すい》敲《こう》

【意味】詩文の字句をいろいろ考えて練り上げること
【類義語】百鍛千練《ひゃくたんせんれん》
【出典】『唐詩紀事《とうしきじ》』四〇

間違いも作品のうち

唐の詩人・賈島《かとう》は思い悩んでいた。

ある詩を作っていたのだが、その一節を「僧は推《お》す月下の門」にするか「僧は敲《たた》く月下の門」にするか、決めあぐねていたのだ。

彼は思い悩みながら、長安の街をさまよい歩いていた。そこで、同じく詩人である韓愈《かんゆ》とぶつかってしまった。

賈島は韓愈に訳《わけ》を話すと、「それは『敲く』のほうがいいよ」と言われた。それを聞いて賈島は安心し、二人で乗り物に乗って詩を論じあった。ここから詩句をいろいろ練り上げることを（月下）推敲という。

わずか一字を決めるために街をさまよい歩くのだから、詩人は大変だ。

例文 月下推敲もやりすぎるとみずみずしさを失う。書き間違いも作品のうちだ。

杜撰《ずさん》

【意味】誤りが多くデタラメなこと

パンクでアヴァンギャルド?

「杜撰《ずさん》」とは誰でも知っている熟語だが、これはもとは人名である。

北宋に「杜黙《ともく》」という詩人がいた。だが、杜黙の書く詩は、定型詩の規則に合っておらず、評判が悪かった。

このことから、「杜撰」(杜黙が詩をつくる)という言葉が生まれ、「誤りが多くてデタラメ」という意味になってしまったのだ。

こんな形で歴史に名前を残してしまった杜黙は、なんとなくかわいそうである。しかし、杜黙の詩は、既成の規則を大胆に破った革命的でアヴァンギャルドでパンクなものだったのかもしれない。それでは凡俗に理解できないのは当然だ。時代が杜黙に追いつけなかっただけではないだろうか。

例文 パンクバンドの演奏は杜撰そのものだが、そこが魅力なのだ。

岡目八目《おかめはちもく》

【意味】第三者は当事者よりも正しく判断できること

泥棒からのありがたいアドバイス

囲碁《いご》の言葉である。実際に碁を指している人よりも、横で見ている人のほうが、八目先まで見通せるということだ。

「碁どろ」という落語がある。碁好き同士が碁を打っている家に、泥棒が入りこんだ。しかし、この泥棒も碁が大好きなのだ。見ているだけでは我慢できず、思わずアドバイスしてしまう。

「うるさいな。岡目八目、助言は無用！　おや、おまえは誰だい、と」

「へへへ、泥棒で、と」

「泥棒さんか。よくおいでなさったね、と」

囲碁を愛する人々の世界では、身分の上下などないようだ。

例文 岡目八目と言うように、よそ者や外国人のほうが事の真実を見抜くことがある。

胡《こ》蝶《ちょう》之《の》夢《ゆめ》

【意味】夢と現実の違いがはっきりしないこと／この世が空しいことのたとえ

【類義語】蕉鹿之夢《しょうろくのゆめ》

【出典】『荘子《そうじ》』斉物論《せいぶつろん》

コンピュータの中で暮らす人々

中国の戦国時代の思想家・荘子は眠りこけていた。彼は夢の中で蝶《ちょう》になり、ひらひらと飛び回り、自分が荘子であることなど忘れていた。そして彼は目覚めた後、荘子が蝶になった夢を見たのか、蝶が荘子になった夢を見たのか、わからなくなったという。

「シミュレーション仮説」を思い出させる。たとえば私たちはコンピュータの中にいて、何者かによってすべて操《あやつ》られているという説である。

「そんな馬鹿な」と思うかもしれないが、そう思うのも誰かによって操られているわけだ。これに反駁《はんばく》するのはなかなか難しいだろう。現実と幻想の境目はしばしばぼやけている。

例文 映画『マトリックス』や『インセプション』の世界観は、胡蝶之夢そのものだ。

呉《ご》越《えつ》同《どう》舟《しゅう》

【意　味】仲の悪い者同士が同じ場所にいること
【類義語】楚越同舟《そえつどうしゅう》・風雨同舟《ふううどうしゅう》
【出　典】『孫子』九地

敵対関係はきりがない

中国の春秋時代、呉《ご》の国と越《えつ》の国はとても仲が悪かった。その呉と越の人が同じ舟に乗っているのだから、「呉越同舟《ごえつどうしゅう》」で「仲の悪い者同士が同じ場所にいること」だ……とたぶん学校では習ったはずだ。

しかし、本来は違う。「呉の人と越の人は仲が悪いが、同じ舟に乗って嵐に遭《あ》ったら、左右の手のように協力しあうだろう」という美しい意味あいなのである。

なお、乱世だった春秋時代に仲が悪かったのは呉と越だけではない。同じように楚《そ》と越も犬猿の仲で、「楚越同舟」という言葉もある。まったくきりがない。

例文 昨夜、ライバル会社同士で同じタクシーに乗ってしまった。呉越同舟状態で大変だったよ。

魑《ち》魅《み》魍《もう》魎《りょう》

【意味】さまざまな化け物・妖怪変化《ようかいへんげ》

【類義語】妖怪変化・百鬼夜行《ひゃっきやこう》・狐狸妖怪《こりへんげ》

【出典】『春秋左氏伝《しゅんじゅうさしでん》』宣公《せんこう》三年

山と川の気から生まれし物

字面《じづら》がすごい。

すべての漢字に「鬼」が入っているし、やたらと画数が多くて複雑怪奇である。といっても、見た目が怖そうな漢字を集めただけではない。

「魑魅《ちみ》」は山林の気から生まれた化け物を指す。「魑《ち》」は虎の姿をした山の神で、「魅《み》」は頭が猪《いのしし》で体が人間である沢の神である。「魍魎《もうりょう》」は山川の気から生まれた化け物だ。

全体として、化け物どもが蠢《うごめ》いているさまを描写していると言えるだろう。

例文 魑魅魍魎がうごめく政治の世界で、一人だけ清廉潔白で信念を貫くことは困難だ。だから、私も魑魅魍魎になることにした。なってみたら、快適な世界である。お互い化け物同士で馴《な》れあってればいいんだから。これは正しい決断だったと思う。悪を克服したければ、自ら悪になればいい。

揣《し》摩《ま》臆《おく》測《そく》

【意味】大した根拠もないのにいろいろ推し量ること
【類義語】揣《し》摩《ま》臆《おく》断《だん》

撫《な》でさすりながら……

揣《し》摩《ま》臆《おく》測《そく》という言葉を聞くと、「しま」という響きから、私は作家の岩井志麻子や女優の岩下志麻を思い出してしまう。もちろん、この語とは何の関係もないが……。

そもそも、「しま」は響きが漢語らしくない。大和《やまと》言葉的である。さらに言えば、なんとなく淫靡《いんび》な感じすらする。

もっとも、「揣《し》」は「撫でて探る」、「摩《ま》」は「さする」という意味だ。淫靡な感じがするのも当然なのである。「揣摩」は「推し量る」という意味だ。

例文 ロシア軍が国境を破り、ウクライナ領内に侵入した。突然の戦争勃発に、世界中が震撼《しんかん》し、揣摩臆測が乱れ飛ぶことになった。

酒《しゅ》池《ち》肉《にく》林《りん》

【意味】贅沢を極めた淫らな宴会
【類義語】肉山《にくざん》脯琳《ほりん》・長夜《ちょうや》之《の》飲《いん》
【出典】『史記《しき》』殷紀《いんき》

暴君界のスーパースター

酒池肉林《しゅちにくりん》と言えば、私は長い間「酒をなみなみと注いで池を作り、そのまわりを裸の女たちが林のように立ち並んでいる」といった、豪華かつ淫乱な宴会のことだと思っていた。

しかし、正確には違う。「肉林」とは文字通り「木々に肉を掛《か》ける」という意味だ。つまり、全体としては「酒と肉がふんだんに出る豪華な宴会」ということなのだ。

「なんだ、その程度の意味か……」とがっかりして、これ以降を読む気力を失った方は、安心してほしい。この語の出典である司馬遷《しばせん》の『史記《しき》』にはこうあるからだ。

「(殷《いん》の紂王《ちゅうおう》は)池を酒で満たし、木々に肉をかけ、男女を裸にしてその間を追いかけまわさせ、朝から晩まで酒宴を開いた」

つまり、嬉しいことに、エロ的要素は間違いなくあったのである。

このエピソードはただのヨタ話ではない。恐ろしいことに、二〇〇四年には河南省《かなんしょう》で巨大な人工池の遺跡が発掘され、その構造からみて、これこそ酒池肉林の池だという説が出ているのだ。中国史は冗談ではすまないようだ。

なお、殷の紂王は、夏《か》の桀《けつ》王と並び、古代中国における暴君のスーパースターである。紂王は妲己《だっき》という美女を寵愛し、国を傾けた。酒や淫らな音楽に溺《おぼ》れ、酒池肉林の宴会に身をゆだね、逆らう者は残酷な刑罰で殺した。おかげで殷は滅亡してしまったとされる。

例文 私の昇進を祝うために、酒池肉林の宴を開催します。酒は獺祭を飲み放題、肉はオーストラリアのカンガルーのカルビを食べ放題ですので、ぜひお越しください。

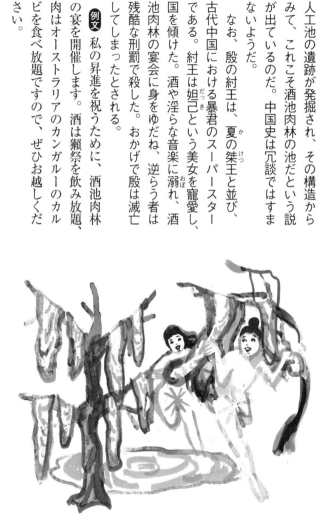

九十九折《つづらおり》

【意　味】くねくねと曲がりくねったさま
【類義語】羊腸小径《ようちょうしょうけい》・斗折蛇行《とせつだこう》

The Long and Winding Road

「きゅうじゅうきゅうおり」ではなく「つづらおり」と読む。

「つづら」とはツヅラフジのこと。ツヅラフジの蔓《つる》がのたのたと曲がりくねっていることから来ている。

「九十九折」を「つづらおり」と読むのは、相当に無理があるのだが、九十九回も曲がりくねっていると言いたいのだろう。平安時代からある言葉である。

The Beatles の有名な曲〝The Long and Winding Road〟は訳すると「長く曲がりくねった道」だから、これも九十九折だったに違いない。

例文 九十九折の山道を登りアララト山の山頂に辿り着くと、そこにはノアの箱舟の残骸が横たわっていた。

我《が》利《り》我《が》利《り》

【意味】自分の利益や都合だけを追い求めること
【類義語】貪《たん》夫《ぶ》徇《じゅん》財《ざい》

突き抜けた者は美しい

言うまでもなく、高名なアイスキャンディーである「ガリガリ君」とは何の関係もない。「我利《がり》」とは、文字通り「自分の利益」のこと。これをしつこく二回重ねると、「自分の利益や都合だけを追い求めること」を意味する。

この熟語を使った「我利我利亡者」「我利我利坊主」という言葉もある。自分の利益しか考えない者を蔑《さげす》んで言う表現なのだが、ここまで言われると逆にパンクでかっこいい気がする。

「ガリガリモウジャ」はなかなかスイートな響きだ。

例文 きみは本当に我利我利亡者で、自分さえ儲かったらそれでいいんだろう。まあ、ガリガリ君でも食べて落ちつきなよ。今まで自分がやって来たことを振り返ってみな。

太《たい》公《こう》望《ぼう》

【意味】釣り好きの人
【出典】『史記』斉太公世家《せいたいこうせいか》

釣られた君主と女房

紀元前十一世紀ころ、周に呂尚《しゅうりょしょう》という男がいた。

彼は勉強家で一日中本を読んでいたが、まともに働かない。

それで妻は貧しい暮らしに耐えかね、呂尚を見捨てて家を出てしまった。

時は流れる。ある日、呂尚が川で一人釣りをしていると、なんという偶然だろう、周の君主である西伯《せいはく》が狩りにやって来たではないか。

西伯は呂尚と話し込み、すっかり意気投合してしまい、こう言った。

「私の父・太公が生きていた頃から、『いつか聖人が現れて国を隆興させるだろう』と言い伝えられていました。あなたこそ太公が待ち望んでいた人です」

西伯は呂尚を補佐役に迎えることにした。

呂尚は魚を釣らずに、一国の君主を釣りあげたわけだ。この逸話から釣り人を太公望《たいこうぼう》と呼ぶ。

ときどき、「道端《みちばた》で倒れていたおじいさんを助けたら、その人がたまたま自分の会社の会長で、おかげで一気に出世してしまった」といった漫画があるが、その原型のような話だ。

さて、呂尚が出世したという噂を聞きつけ、なんと逃げた女房が戻ってきて、復縁を求めた。

呂尚は黙って水の入った器を持ってきて、それをひっくり返してしまった。そしてこう言った。

「この水をもとに戻せたら、復縁に応じてやるよ」

あれ、どっかで聞いたような……

そう、これが「覆水盆に返らず」（一度したことは取り返しがつかない）という慣用句の語源である。

それにしても、元女房も恥知らずにも戻って来るとは、大した胆力だ。「韓信《かんしん》匍匐《ほふく》」（198ページ）の例もある事だし、この厚顔無恥さは見習うべきだろうか。

例文 太公望は気が短いほうがいいと聞くけど、本当なのだろうか。

科《か》挙《きょ》圧《あっ》巻《かん》

【意 味】全体の中でもっとも優れた部分

【出 典】陳振孫《ちんしんそん》『直斎書録解題《ちょくさいしょろくかいだい》』一九

一週間もかかる試験

「圧巻」という誰でも知っている熟語の元がこれである。

科挙《かきょ》とは、中国で行われていた官吏登用試験である。「巻」とは答案用紙のことで、科挙ではもっとも優れた答案を他の答案の上に載《の》せる慣習があった。つまり、他の巻を圧しているわけだから、「圧巻」という言葉が生まれたわけだ。

科挙はもともと、身分が低くても優秀な人材を選び出すという意味があったが、結果的にすさまじい受験地獄を招くことになった。あまりのプレッシャーに精神がおかしくなったり、自ら命を絶つ者が続出した。

試験は泊まり込みで一週間近くかかり、合格するまでに五十年かかった者すらいたという。

例文 ザ・スターリンの曲の中で科挙圧巻なのは、やはり「ロマンチスト」だよな。

苛《か》政《せい》猛《もう》虎《こ》

【意味】ひどい政治は人喰い虎より恐ろしく人を苦しめるということ

【出典】『礼記《らいき》』檀弓《だんぐう》下

虎に食い殺されるほうがましです

孔子《こうし》が泰山《たいざん》の麓《ふもと》を通りかかったとき、一人の女が墓の前で涙を流していた。わけを聞くと、「私の夫も夫の父親も、虎に食い殺されてしまいました。そして今、我が子も虎に食い殺されてしまったのです」と女は答えた。

孔子は驚いて「なんでこんな危ないところから逃げないのですか」と問えば、女はこう言った。「ここにはひどい政治がないからです」

つまり、ひどい政権のもとで生きるなら、虎に食い殺される危険のほうがましということだ。

普通は「苛政《かせい》は虎よりも猛《たけ》し」という形で使われる。

清朝《しんちょう》末の太平天国《たいへいてんごく》の乱のときには、あおりを受けて二千万人以上もの人が亡くなったというから、確かに虎より政治のほうが怖いのかもしれない。

例文 赤道ギニア共和国では国民の三分の一が難民となったが、それは苛政猛虎だったからだ。

桃《とう》源《げん》郷《きょう》

【意　味】悩みや愁いのない楽園。ユートピア
【類義語】理想郷
【出　典】陶淵明《とうえんめい》「桃花源記《とうかげんき》」

ユートピアは実在するのか

晋《しん》の時代に、一人の漁師がいた。

彼がある日、川で船に乗っていると、桃の花が咲き乱れる林に出会った。

漁師は驚き、船を進めていくと、山に小さな穴が開いているのを見た。

彼がその穴を潜《くぐ》ると、そこには別世界が広がっていた。

輝くばかりの田や池、竹林が広がり、そこには見慣れない服を着た老人や子どもがいた。そして彼らは、なんの愁《うれ》いもなく笑い、楽しそうにすごしていたのだ。

村人たちは漁師を見て驚き、酒やご馳走《ちそう》でもてなしてくれた。

村人たちはこう言った。

「私たちの先祖は、秦《しん》の戦乱から逃れてここに辿《たど》りつきました。そしてその後、一歩もここから外には出なかったのです」

彼らは、今が晋の世になっていたことを知らなかった。そして漁師の話す外の世界の様子を聞いて、驚き、ため息をつくのだった。

漁師はこの村で歓待され、数日をすごした。

村を出るときに、村人たちは「ここのことは決して外の人に漏らしてはいけませんよ」と念を押した。

後日、この話を聞いた人々は、なんとかしてこの村に辿《たど》り着こうと努力したが、誰一人成功しなかったという。

これが有名な「桃源郷」の物語である。

この話が美しくも哀しいところは、もし戦乱が起こらなければ、彼らも桃源郷に逃げこむ必要はなかったということだ。いわば、彼らは一種の戦争難民なのである。

漁師は、まったくの偶然で桃源郷に辿り着いた。しかしその後、誰も桃源郷を見出すことはなかった。

もっとも、この桃源郷が完全に絵空事《えそらごと》だと言うこともできない。

今でも、ときどきアマゾンの奥地で未知の民族が発見されたりしている。桃源郷は今も存在していて、人々はそこで何ひとつ愁うことなく暮らしているのかもしれない。

例文 桃源郷など存在しない。あなたが今住んでいる世界が桃源郷だと思えばいい。

九《きゅう》牛《ぎゅうの》一《いち》毛《もう》

【意味】ささいで取るに足りないこと
【類義語】大海一滴《たいかいいってき》・滄海一粟《そうかいのいちぞく》
【出典】『文選《もんぜん》』司馬遷《しばせん》「任少卿《じんしょうけい》に報ずるの書」

取るに足らないものなどこの世にはない

文字通りとらえると「九頭の牛の一本の毛」である。牛にはいっぱい毛が生えているはずで、そのうちの一本の毛など、どうでもいいことである。だから全体として「ささいで取るに足りないこと」という意味だ。

なんとなくユーモラスに聞こえる熟語だが、もとは非常に深刻である。歴史家である司馬遷《しばせん》は、あるとき前漢の武帝の怒りをかい、投獄されてしまった。その時彼は「私が処刑されても九牛の一毛を失うようなものだろう」と自嘲した手紙を書いたのだ。後に彼は男性器を切り落とす宮刑《きゅうけい》に処され、その屈辱をバネに大著『史記《しき》』を執筆した。

結果的に、自分が九牛一毛ではないことを証明したのだ。

例文 その半グレは自らヒットマンを買って出て、自分が九牛一毛ではないことを示そうとした。

鼓《こ》腹《ふく》撃《げき》壌《じょう》

【意　味】世の中の太平を楽しむこと

【類義語】含哺鼓腹《がんぼこふく》・撃壌之歌《げきじょうのうた》

【出　典】『十八史略』五帝

腹太鼓《はらだいこ》は古代中国から

尭《ぎょう》帝は、古代中国の伝説上の名君である。

ある時、彼は自分の政治がうまく行っているのか不安になり、姿を変えて街に偵察に行くことにした。すると、一人の老人が腹を太鼓のように叩き、地面を踏みつけながらこんな歌を歌っていた。

「日が昇れば耕し、日が沈めば休む。井戸を掘って水を飲み、田を耕して食う。帝の力なんか関係ねえ！」

これを聞いて尭帝は、自分の存在すら忘れられるとは、政治がうまく行っている証拠だと安心したという。しかし腹太鼓とは、日本の伝統的な宴会芸だと思っていたが、古代中国から存在していたとは……。やはり中国四千年の歴史は偉大である。

例文　次の休日は、クラブに行って最新のＫｐｏｐに身をゆだねながら鼓腹撃壌しよう。

四《し》面《めん》楚《そ》歌《か》

【意味】周りがすべて敵で救いがないこと
【類義語】孤軍奮闘・孤立無援
【出典】『史記』項羽紀《こううき》

闇の中から残酷な歌が

秦の末期、楚《そ》の項羽《こうう》と漢の劉邦《りゅうほう》の戦いは熾烈《しれつ》を極め、項羽の軍は垓下《がいか》の町に立てこもっていた。

そして夜になると、周囲から楚の歌が聞こえてくるではないか。

項羽は「楚はすでに漢に占領され、寝返ったのか」と嘆き、絶望して自害してしまった。

しかし、これは巧妙な心理作戦だった。劉邦はあえて漢の兵士たちに楚の歌を歌わせ、項羽に楚が取られてしまったと勘違いさせたのだ。

闇の中から故郷の歌が聞こえてくる、美しくも残酷な情景。

戦乱の世だから、何でもありなのだろう。

例文 たとえ四面楚歌でも、周囲からの敵意を楽しめる人は強い。

三《さん》百《びゃく》代《だい》言《げん》

【意味】詭《き》弁《べん》を弄《ろう》する者

ニセ弁護士のたくらみ

代言人《だいげんにん》とはなんとなく時代がかった響きがあるが、これはかつての弁護士のことである。

現代でも、弁護士の資格を持たないのに金を取って示談などをまとめる者がいる。もちろん弁護士法違反で犯罪なのだが、今よりはるかにデタラメだった明治時代にも当然いた。

彼らは安いギャラで法律行為に介入したので、三百代言《さんびゃくだいげん》と呼ばれて蔑《さげす》まれた。「三百」とは三百文ということで、値段が安いという意味である。

弁護士にとって不幸なのは、三百代言はもとは資格のない代言人をいう言葉だったのに、今では弁護士そのものを罵倒する意味を持ち合わせてしまっていることだ。なんという因果だろう。

例文 組織には往々にして三百代言な人物がいて、そいつが足を引っ張るのだ。

蒟《こん》蒻《にゃく》問《もん》答《どう》

【意味】とんちんかんな問答

議論は頭が悪いほうが勝つ

蒟蒻屋《こんにゃくや》の六兵衛《ろくべえ》は、寺の和尚《おしょう》になりすましていた。

そこに、旅の修行僧がやってきて、禅問答をしかけてきた。

困った六兵衛は、僧が何を言ってきても無視を決め込んでいた。

これを見た修行僧は、「禅家荒行の無言の行をしているんだな」と勝手に思い込み、自分も言葉を発せず、身振りだけで禅問答に挑む。

まず修行僧が指で輪を作ると、六兵衛は手を頭上で大きく広げた。

次に、修行僧は両手を広げ、十本の指を示した。六兵衛はすかさず、片方の掌《てのひら》を広げる。

さらに修行僧は三本の指を示すと、六兵衛は指を片方の目の下に当てた。

これを見た修行僧は驚いて平伏し、慌ててその場から逃げ出した。

六兵衛の子分である八五郎が呼び止めると、修行僧はこう言った。

「拙僧《せっそう》が『和尚の胸中《きょうちゅう》は』と問えば和尚は『大海のごとし』と返された。では、『十方世界は』と問えば『五戒で保つ』と。最後に『三尊の弥陀は』と問うたところ、『眼の下にあり』とのお答えでありました。とても拙僧が敵《かな》う相手ではありません」

さて、六兵衛はカンカンになって怒っていた。

「あいつ、『おめえの蒟蒻はこんなに小さいんだろう』と馬鹿にしやがった。だから俺は『こんなに大きいぞ』と返してやった。『十丁でいくらだ』と聞いてくるから『五百文だ』と返したら、『三百文に負けろ』と言ってくるじゃねえか。俺は『あかんべえ』してやったよ」

――これは「蒟蒻問答《こんにゃくもんどう》」という落語だ。この話から、とんちんかんな受け答えのことを蒟蒻問答という。

六兵衛は、禅のことを何も知らないがゆえに、かえって禅問答に勝ってしまったのだ。なんという皮肉だろう。こういう逆説は、世界中で見られそうである。

例文 蒟蒻問答だと馬鹿にされようが、議論は頭が悪いほうが勝つんだよね。頭が悪い奴は、論破されたことすら気づかないんだから。

無《む》手《て》勝《かつ》流《りゅう》

【意味】戦わずして策略で勝つこと／自己流

エコロジカルな剣客

塚原卜伝《つかはらぼくでん》は日本の戦国時代の剣客である。

ある時、卜伝が渡し船に乗っていると、武者修行の者から真剣勝負を挑まれた。卜伝は「陸で戦おうではないか」と言って、相手を中州に上がらせた。しかし卜伝は中州には上がらず、そのまま舟を竿《さお》で突き返してしまった。そして、怒り狂う相手を眺めながら「戦わずして勝つ、これが無手勝流《むてかつりゅう》だ」と堂々と宣言したのである。

……なんという卑怯なやり方だろうか。

しかし無益に血を流すよりはましかもしれない。無駄な労力を使わないのは、現代のエコロジーの精神に合致しているかもしれない。

例文 国家の争いは無手勝流がベストで、どんなに卑劣でも戦争になるよりはいいのだ。

風《ふう》林《りん》火《か》山《ざん》

【意味】戦うときの四つの心構えをまとめた語

【出典】『孫子』軍争

戦争とキャバクラ

昔、近所に「風林火山」という名のキャバクラがあった。それで長い間、この熟語は艶めかしい意味かと思っていた。なんか字面が精力旺盛という感じではないか。

しかし、もとは武田信玄が軍の旗に書いていたという「その疾《はや》きこと風のごとく、その除《しず》かなること林のごとく、侵《おか》し掠《かす》めること火のごとく、動かざること山のごとし」を略したものだ。戦闘の心構えを説いた『孫子』の言葉である。極めて真剣な意味だったので、孫子とキャバクラには深く謝罪しておきたい。

例文 マフィアが抗争するときの心構えは、風林火山につきる。

焚《ふん》書《しょ》坑《こう》儒《じゅ》

【意味】言論や思想を弾圧すること
【出典】『史記』秦始皇紀

埋められたのは儒学者だけか

秦の始皇帝は、古代中国を統一した人物である。異民族の侵入を防ぐために万里の長城を築き、貨幣・度量衡《どりょうこう》・車輪の幅を統一するなど、歴史的な事績も多いが、その政策はあまりに性急で強権的にすぎた。

始皇帝は反対勢力を弾圧するために、医薬や農業、占いなどをのぞくすべての書物を焼き捨てさせた。さらに、自らに逆らう学者四百六十人を捕え、生き埋めにした。これが、後世に悪名高い「焚書坑儒《ふんしょこうじゅ》」である。

――もっとも、「坑儒」というから「儒学者だけが生き埋めにされた」と思われているが、必ずしもそうではない。儒学者以外の学者も生き埋めにされたと言われているからだ。「儒学者」が強調されているのは、後に儒教が強い力を持つようになったからだろう。

例文　権力者がいなくても焚書坑儒はありうる。民衆が勝手に互いに言論弾圧し始めるのだ。

洛《らく》陽《よう》紙《し》価《か》

【意味】本がベストセラーになること
【出典】『晋書《しんじょ》』左思伝《さしでん》

インジウムの価格が高騰……

西晋の左思《さし》は無名の詩人だったが、彼が十年かけて書いた「三都賦《さんとのふ》」という作品は、大変な評判を呼んだ。

多くの人が競ってこの詩を紙に書き写したので、首都の洛陽《らくよう》では紙の値段がすさまじく高騰した。この話から、本がベストセラーになることを「洛陽の紙価を高める」という。

「書き写す」というのが面白い。印刷技術はまだ出現していなかったのだ。また、紙の値段が高騰したというのは、そのころはまだ紙が貴重品だったのだろう。そういえば、日本でも終戦直後に出た本や雑誌は、すさまじく紙の質がお粗末だった。

例文 この間出した電子書籍が大ベストセラーになった。おかげで洛陽紙価ならぬ、世界のインジウムの価格が高騰してしまった。電子ペーパーに使われるからだ。

朝《ちょう》三《さん》暮《ぼ》四《し》

【意　味】目先の違いにとらわれ、結局は同じであることに気づかないこと
【類義語】暮《ぼ》四《し》朝《ちょう》三《さん》
【出　典】『荘子』斉物論《せいぶつろん》

敵もサルもの

一人の猿回しがいた。

彼は多くの猿を飼っていたのだが、だんだん生活が苦しくなったので、猿にやるトチの実を減らさねばならなくなった。

しかし、下手に減らしてしまうと、猿が暴動を起こしかねない。

そこで、猿回しは猿たちに、

「すまんな、これからトチの実は朝に三個、晩に四個にするよ」

と言った。

これを聞いて、はたして猿たちは怒りだした。猿回しは参って、

「わかったわかった。なら朝に四個、晩に三個にするよ」

と言い直した。

一日にトチの実が七個だから、状況はまったく変わっていない。しかし猿はそれに気づかず、大喜びしたという。

猿回しの詭弁《きべん》に、猿は見事に騙されたわけだ。

やはりしょせん猿は愚かだ、頭が悪いと思うかもしれないが、私たちも似たようなことを政治家にやられている。

たとえば政府が「給付金を十万円やるぞ」と言ったらみんな大喜びするだろうが、もとはと言えば、これは国民の税金である。後で重税をかけられ、百万円くらいはふんだくられるかもしれない。

また、よく考えると猿も特に間違っていない。

猿が死ぬ確率は、単純計算すると、午前中が五十パーセント、午後が五十パーセントである。つまり、朝四個で晩に三個なら、朝三個で夜四個より得する可能性は高いのだ。

猿は猿ながらにして、そこまで見抜いていたのかもしれない。

例文 政府はいつも朝三暮四のペテンをしかけてくるから、気をつけたほうがいい。

破《は》天《てん》荒《こう》

【意　味】今まで誰もしなかったことを成し遂げること／型破りなこと
【類義語】前人未踏・前代未聞
【出　典】『唐摭言《とうせきげん》』

天荒を破れ！

科挙は、人類史上もっとも難関な試験だったと言われている。

そして、荊州《けいしゅう》（現在の湖北省・湖南省）からは合格者がまったく出てこなかったので、「天荒」（作物の実らない土地）と呼ばれて馬鹿にされていた。

しかし、劉蛻《りゅうぜい》が初めて荊州から合格を決めると、人々は驚き、「天荒を破ったな」（破天荒）と言った。

現代日本では「型破りなこと」を指す語だと思われているが、本来は「今まで誰もしなかったことを成し遂げること」を意味する。

例文　エイゼンシュテインの映画「戦艦ポチョムキン」は、モンタージュ手法を初めて大胆に鮮やかに多用した破天荒な作品だった。

輾《てん》転《てん》反《はん》側《そく》

【意味】眠れずに何度も寝返りをうつこと
【出典】『詩経《しきょう》』周南・関雎《かんしょ》

あなたを想《おも》って眠れぬ夜を……

「寝返りをうつ」という意味の四字熟語だが、私は昔からこの言葉がおかしかった。単に寝返りをうっているだけなのに、この難しい字面は大げさすぎるだろう。「テンテン」という響きは、寝返りをうっている音に聞こえなくもないが、なんとなく痛そうだ。

もとは関雎《かんしょ》という詩に出てくる語だ。男が少女のことを思い焦がれ、眠れぬ夜をすごすというエロチックなシーンである。

例文 初めてのデートの前の夜は、緊張のあまり輾転反側し、ひどい寝不足の顔でろくにメイクもせずに待ち合わせ場所に向かった。

白《はく》眼《がん》視《し》

【意味】冷たい目つきで見ること

【出典】『晋書』阮籍伝

宇宙人だったのか？

三国時代の魏《ぎ》に阮籍《げんせき》という文人《ぶんじん》がいて、彼は奇行をもって知られていた。阮籍は妙な特技を持っていた。青い眼と白い眼を使い分けるのだ。彼のところに気に入らない人が来ると、彼は白眼《はくがん》で迎えた。しかし、気に入った人がやって来ると、青眼《せいがん》で迎えたという。いわゆる「白眼視《はくがんし》」「白い眼で見る」といった表現は、ここから来ている。

しかし、この阮籍という者は、本当に人間だったのだろうか。眼を真っ白にして迎えるのもすごいが、青い眼で迎えるというのも不可解である。別に阮籍が西洋人だったというわけではないようだ。どうやって白眼と青眼を自由自在に使い分けていたのか、謎である。オカルト好きにこの話をしたら、阮籍は実は宇宙人だったと言い出すかもしれない。

また、彼は一人で車に乗るのが好きだった。道を無視してひたすら進み、行き止まりに突き当たってしまい、前に進めなくなったので、泣きながら引き返したりしたという。

阮籍は「竹林《ちくりん》の七賢《しちけん》」の一人である。竹林の七賢とは、三世紀後半の中国で、俗世間に背を向けて、竹林で清談《せいだん》に耽《ふけ》ったとされる七人の人々である。阮籍の奇行も、社会に対するレジスタンスだったのかもしれない。もちろん、単に変な人だった可能性もあるが……(青眼は黒い眼のことだという解釈もある)。

例文 私も阮籍のように、嫌いな人の前では白眼になり、好きな人の前では青眼になってみたが、周囲から思いっきり白眼視されたよ。

つい間違えがちな熟語 その❷

爆笑《ばくしょう》

「大勢がどっと笑うこと」が本来の意味。しかし、最近は「一人で大笑いすること」という意味でも使われる。

椀飯振舞《おうばんぶるまい》

現代では「大盤振舞《おおばんぶるまい》」と書くことが多いが、もとは「椀飯振舞」。「椀飯」とは「椀に盛った飯」という意味である。「椀」の字が常用漢字にないので、「大盤振舞」が使われるようになった。

侃々諤々《かんかんがくがく》

これは「遠慮なく直言すること・盛んに議論すること」を意味する。似たような「喧々囂々《けんけんごうごう》」は「多くの人が騒ぎ立てるさま」だ。この二つを融合した「喧々諤々《けんけんがくがく》」という言葉もあり、誤用とされることがあるが、辞書には載っている。

少年《しょうねん》

「若い人」を意味する。「若い男」という意味で使われることが多いが、もとは男女問わずに使える。本来は「年が少ないこと」だ。だから「少年法」という法律は男性だけではなく、女性にも適用される。

汚名返上《おめいへんじょう》

「悪い評判をしりぞけること」の意味。「汚名挽回」という言葉も使われ、よく誤用だとされるが、これを「汚名を元通りにする」ということだと解釈すれば、誤用とも言えないだろう。

第四章

深いかもしれない熟語

梁《りょう》上《じょうの》君《くん》子《し》

【意味】泥棒／ネズミ
【類義語】白波之賊《はくはのぞく》・草頭天子《そうとうてんし》
【出典】『後漢書《ごかんじょ》』陳寔伝《ちんしょくでん》

天井には先生が……

そのまま読むと「家の梁《はり》の上にいる立派な人」という意味である。「縁の下の力持ち」のようなものか……と思ったら、全然ちがう。

後漢の時代に、陳寔《ちんしょく》という男がいた。ある時、陳寔の家に泥棒が忍び込み、天井の梁の上に隠れていた。

陳寔は、実はこのことに気づいていた。彼は真面目な顔で子どもや孫を呼び、こう語った。「人間は努力しないとだめだよ。悪人も生まれながらにして悪人ではない。習慣によって悪人になり、そして罪を犯すようになるんだ。いま、梁の上にいる先生がそれだな」

泥棒は驚いた。一般的な説教かと思いきや、いきなり自分のことを指されたのだ。泥棒は梁から下りてきて、土下座して詫《わ》びた。

陳寔は泥棒に言う。「君は悪人という顔はしていないな。すべて貧しさが悪いんだろう。もう罪を犯すんじゃないぞ」

こう言って、陳寔は泥棒に絹《きぬ》を与え、無罪放免した。驚くべきことに、これ以降、周囲で盗みが起こることは二度となかったという。

なかなか感動的な話である。説教だけでは終わらせずに、泥棒に絹を与えたところなど、陳寔はよくわかっている。犯罪をなくすのは道徳ではなく、物質である。

この逸話から、泥棒を梁上君子と呼ぶようになった。もちろん、からかっているわけだ。

例文 八日の午前二時ころ、東京都中央区銀座の宝石店に梁上君子が忍び込み、二億円近い金品を盗んだうえで逃走しました。警察は行方を追っています。

虎《こ》豹《ひょう》之《の》文《ぶん》

【意味】才能や知識のある者はかえって災いを招くたとえ
【出典】『荘子』応帝王《おうていおう》

無能な者が最後には勝つ

「虎や豹《ひょう》の模様」が直訳。『荘子』にはこうある。

「虎や豹は模様が美しいから、かえって人間に狩られてしまう。猿はすばしこく、犬は山猫を捕える能力があるから、かえって捕まってしまう」

つまり、才能や知識があるから、かえって災難に遭《あ》うということだ。

これはその通りだろう。優秀な人間は、周囲の嫉妬や敵意をかい、破滅してしまうことがある。

無能な人間なら誰も相手にしないので、平穏で幸せな人生を送ることができる。平凡で役に立たないことこそが、人生を楽に生きる秘訣である。

例文 美人がしばしばいじめられるのも、虎豹之文なのだろうか。

万《ばん》物《ぶつ》一《いち》馬《ば》

【意味】すべてのものは一頭の馬だということ

【類義語】天地《てんち》一指《いっし》・万物《ばんぶつ》一斉《いっせい》

【出典】『荘子』斉物論

細かいことをゴチャゴチャ言うな！

「すべてのものは一頭の馬だ」という意味。別に馬商人の宣伝文句ではない。『荘子』にある言葉だ。そこには「天地は一本の指であり、すべては一頭の馬だ」とある。ますます訳がわからなくなったかもしれない。

要するに、「ただ一つの真理の前では、すべてのものは同じだ」ということだ。「なんだって同じだよ」「細かいことをゴチャゴチャ言うな」が口癖の乱暴な人間を見たことがあるかもしれない。あれは単に短気でデタラメなのではなく、万物一馬の真理を会得《えとく》していたのかもしれない。

「全然違うぞ」と抗議してくる道学者がいるかもしれないが、万物一馬なんだから、なんだって同じなのである。

例文 人間はみな万物一馬だから、姓も名前もいらないのだ。

問《もん》牛《ぎゅう》知《ち》馬《ば》

【意味】相手の隠していることを巧みに聞き出すこと

【類義語】問《もん》羊《よう》知《ち》馬《ば》

【出典】『漢書』趙広漢伝《ちょうこうかんでん》

犬→羊→馬

前漢の時代、都の長官に趙広漢《ちょうこうかん》という男がいた。彼は人間の心理を知りつくしていて、罪人を自白に導くのが得意だった。

たとえば、馬の値段を知りたいとする。その時、趙広漢はまず犬の値段を聞くのだ。相手がそれに答えると、次に羊の値段を聞く。相手がそれにも答えると、最後に馬の値段を聞くのだ。うかつに犬や羊の値段を答えてしまったため、最後には引き返せないところまで来てしまう。逃げ場のない訊問能力だ。

例文 麻耶《まや》は問牛知馬の才能で業界のトップに昇りつめた。

全《ぜん》豹《ぴょう》一《いっ》斑《ぱん》

【意味】物の一部だけ見て全体を推し測ること
【類義語】一斑全豹《いっぱんぜんぴょう》・管中窺豹《かんちゅうきひょう》
【出典】『世説新語』方正

管《くだ》を通して豹《ひょう》を見ると……

男たちがサイコロ博打《ばくち》をしていた。そこに子どもがやって来て、一方の男に言った。「負けそうじゃん」

男はこう答えた。「ぼっちゃん、全体が見えてないね。管を通して豹を覗《のぞ》いて、皮の斑点《はんてん》を一つ見つけたようなもんですよ」

「素人が口出すんじゃねえよ！」と言いたかったのだろう。子どもは怒ってどこかに行ってしまった。

大人が生意気なガキを言い負かした話だ。もっとも、この男が結局博打に勝ったのかどうかは、歴史的に不明である。

例文 本の著者名だけ見て内容がわかった気になるのは、全豹一斑と言わざるをえない。

蜀《しょく》犬《けん》吠《はい》日《じつ》

【意　味】見識のない者がわかりもしないのに非難すること
【類義語】越《えっ》犬《けん》吠《はい》雪《せつ》・呉《ご》牛《ぎゅう》喘《ぜん》月《げつ》
【出　典】岑《しん》参《じん》「北客を招く文」

中世中国のSF小説

蜀《しょく》とは現代の中国の四川省あたりである。この地域は山間にあり、雨や霧に閉ざされ、晴れ間が少なかった。だから、蜀に住む犬は太陽を見ると怪しんで吠えたという故事から、「見識のない者が、わかりもしないのに非難すること」を言う。

……しかし、この故事は本当なのだろうか。現代の四川省にいる犬が、太陽を見るたびに吠え続けているという話は聞かない。いくらなんでも、これはホラだろう。この言葉の生まれた唐（八世紀）の時代は、交通や情報伝達の手段が未熟だったので、こういういい加減な話も簡単に信じられたのだろう。

しかし、この程度ではまだまだ生やさしい。たとえば、十三世紀の南宋の時代に編まれた『諸《しょ》蕃《ばん》志《し》』という本には、こんな記述がある。

「茶弼沙国（著者註　ヨーロッパ）は光り輝く国で、太陽が沈むその地にあたっている。夕方、日が沈む頃ともなれば雷霆《いかづち》よりすさまじい響きをたてるので、いつも千人ほどを城門に集め、一斉に角笛を吹き銅鑼を鳴らし太鼓をたたかせ、太陽の沈む音響を弱めている。そうでもしなければ、妊婦や小さい子供たちは、太陽の音響に驚いてショック死してしまう」＊

ほとんどSF小説にでも出てくるような描写だが、こんな話が真剣に信じられていた時代は、きっといい時代だったにちがいない。

もっとも、太陽の沈む音がうるさいからと言って、銅鑼《どら》や太鼓で騒ぎたてるのはどうか。余計にうるさくなっていないか。やり方を変えたほうがいいだろう。

なお、これと似た熟語に「呉牛喘月《ごぎゅうぜんげつ》」がある。

これは、中国南方の呉の国の話だ。ここは暑い地域で、水牛は日中は延々と太陽に照らされているので、夜になって月が出ても、太陽だと思ってはあはあ喘《あえ》ぐという。

まるで見てきたような四字熟語だが、論理的におかしいのではないか。日中にずっと太陽を見ていたら、夜になって月を太陽だと思っても、いまさら驚かないのではないか。わざわざ喘ぐのはわざとらしすぎる。呉の水牛はもっと自然体で生きるべきだろう。

例文 ガリレオ・ガリレイは中世ヨーロッパにおいて地動説を主張したが、当時の教会からは蜀犬吠日だとして片づけられた。

＊藤善真澄訳。旧字は新字に改めた

百《も》舌《ず》勘《かん》定《じょう》

【意味】お勘定で自分は出さず他人に出させること

百枚舌のペテン

鳩《はと》と鷸《しぎ》と百舌《もず》が三羽連れ立って、仲良く食事に行った。

お勘定は十五文だった。すると百舌がこう言った。

「鳩さん、きみは『は』がつくから八文ね。鷸さんは『し』がつくから七文だ」

鳩と鷸は「なるほどな」と思ってそのまま払ってしまった。百舌は一文も払わずに逃げおおせた——という昔話からきた言葉。

こんな幼稚なペテンに騙《だま》されるとは、鳩も鷸もどうかしてる。しかし百舌は他の鳥の鳴き声を真似るので、昔からずるがしこい鳥だと思われていたのだろう。

百舌は鳥の鳴き声だけではなく、馬のいななきすらまねる。鳴きまねがうまいほうが、オスはメスからもてるという。

例文 お見合いでは女性は百舌勘定で行きなさい、と結婚相談所からアドバイスされた。

宴《えん》安《あん》酖《ちん》毒《どく》

【意味】享楽にふけると身をほろぼすということ
【出典】『春秋左氏伝』閔公《びんこう》元年

幻の鳥の毒

鴆《ちん》は、羽に猛毒をはらむとされる鳥である。

その羽を浸《ひた》した酒（酖《ちん》）を飲むと即死する。鴆の巣の下にはペンペン草も生えない。その毒を解くのは「サイの角」だけだ。古代中国では暗殺や自殺に用いられたという記録がたくさんある。

「宴安酖毒《えんあんちんどく》」は「享楽にふけるのは鴆の羽を浸した毒酒を飲むようなものだ」という意味だ。

鴆は長い間架空の鳥とされてきた。毒を持つ鳥などありえないと思われていたからだ。

しかし一九九〇年に、ニューギニアのピトフーイという鳥の羽に猛毒があることが発見された。だとしたら、鴆も本当に古代中国に実在したのだろうか――

例文 宴安酖毒というから、ＭＤＭＡはやめといたほうがいいよ。

鬱《うつ》肉《にく》漏《ろう》脯《ほ》

【意味】腐った肉と臭い干し肉のこと／目先の利益のために危険を冒すこと

【類義語】飲鴆止渇《いんちんしかつ》

【出典】『抱朴子《ほうぼくし》』良規《りょうき》

北朝鮮の闇市場にて

ボロボロの服を着た幼い姉妹が、市場をさまよっている。ホームレスなのだろう。姉妹は売り子に食べ物を恵んでくれるよう哀願したが、まるで蠅《はえ》のように追い払われた。

やがて、姉妹はゴミ捨て場から腐ったドロドロの肉を見つけた。こんなものが食べられるわけがない。しかし、食べなければ飢え死にするのだ。姉妹は意を決したように、腐った肉を口に運ぶ。少女たちは顔をしかめながら嚙みしめていたが、やがて急に道端に座り込んだ。そして、激しい嘔吐を繰り返した――

前に見た、北朝鮮の違法マーケットを隠し撮りした映像が、今も網膜から消え去ることがない。「鬱肉漏脯《うつにくろうほ》」という熟語を見ると、この幼い姉妹がその後どうなったか、思いを馳《は》せる。

例文 彼女は鬱肉漏脯の人で、欲しいものはまず盗めばいいと思っている。

越《えつ》鳧《ふ》楚《そ》乙《いつ》

【意味】場所や人により物の呼び方が変わってくるたとえ
【出典】『南史』顧歓伝《こかんでん》

トイレットペーパーに書いた手紙

一羽の鳥が天高く舞い上がった。

それを見た中国の越《えつ》の国の人は、「お、鳧《ふ》（カモ）だな」と言った。

だが、楚《そ》の国の人はこう言い返した。「何言ってるんだ、ありゃ乙《いつ》（ツバメ）じゃないか」

つまり、同じ物でも場所や人により言い方が変わるということだ。地域により言葉や文化が変わるという、文化人類学的な発想である。

なお、日本語で「手紙」というと、紙に文字を書いて人に送るものを指すが、中国語では「トイレットペーパー」を意味する。うかつに間違えると大変な騒ぎになるので、ご注意を。

例文 私は東に行くとバカと呼ばれ、西に行くとアホと呼ばれるのだが、越鳧楚乙だからしかたない。

貴《き》種《しゅ》流《りゅう》離《り》

【意味】若い神や高貴な人が放浪しながら試練を乗り越え、神や尊い存在になること

英雄は簡単には死なせてもらえない

貴種流離譚《きしゅりゅうりたん》とは、若い神や高貴な人が各地を放浪し、試練を乗り越え、神や尊い存在になる物語だ。日本だけではなく世界的に見られるものである。

有名なのが義経《よしつね》＝チンギス・ハン説だろう。源義経は平泉《ひらいずみ》で自刃《じじん》したとされるのは嘘で、実は生き延びて大陸に渡り、チンギス・ハンになり世界を征服した……という怪しげな説。

日本のキリスト伝説もそうだろう。イエス・キリストはゴルゴダの丘で処刑されたというのは誤りで、実は生き残って日本に渡り、現代の青森県新郷村《しんごうむら》で亡くなった。今も村にはキリストの墓とされるものが残っている……という話。

民衆は、英雄を簡単に死なせてはくれないのである。

例文 高貴な人々を苦しめたいという民衆の思いが、貴種流離譚を生むのかもしれない。

玉《ぎょく》兎《と》銀《ぎん》蟾《せん》

【意味】月のこと
【出典】白居易「中秋の月」

兎《うさぎ》とヒキガエル

「蟾《せん》」とはヒキガエルのこと。

嫦娥《じょうが》という仙女がいた。彼女の夫の羿《せん》は女神の西王母《せいおうぼ》から不死の薬をもらい受けたのだが、嫦娥はそれを盗み、月に逃げこんだ。

彼女はそこで不死の体を得、そしてヒキガエルになったという。月の模様が古代中国人にはヒキガエルに見えたのだろう。

また、月の模様は兎にも見えたので、月には兎も住んでいるとされた。

だから、「玉兎銀蟾《ぎょくとぎんせん》」は「月にいる兎とヒキガエル」の意味で、最終的には月そのものを指す。

例文 アポロ11号が玉兎銀蟾に到着したというのは嘘だ、という陰謀論がある。

一斗百篇《いっとひゃっぺん》

【意味】大酒飲みだが、才能のある人のたとえ
【出典】杜甫詩「飲中八仙歌《いんちゅうはっせんか》」

酔いどれ詩人の歌

李白は高名な唐の詩人で、生まれは現在のキルギス共和国だとも言われている。彼は若いころはヤクザ者とつるんでいて、殺人を犯したこともあると主張していた。李白は流浪の日々を送り、大酒飲みで知られた。同じ唐の詩人・杜甫はこう歌った。

李白は酒を一斗飲めば、詩を百篇作ってしまう／長安の街の酒場で酔っぱらって眠る／君主から呼ばれても船に乗ることもできない／自分は酒飲みの中の仙人だと言っているさしずめ、酔いどれ詩人だったということだろう。しかし、それで偉大な詩を生み出したのだから、まったく問題にはされていない。

例文 ポーは一斗百篇の詩人で、最後には意識不明の酩酊状態で酒場で発見されている。

食《しょっ》客《かく》三《さん》千《ぜん》

【意味】多くの食客を抱え持つこと
【出典】『史記』呂不韋伝《りょふいでん》

乱世のアウトサイダーたち

「食客《しょっかく》」とは妙な言葉だが、中国の春秋戦国時代に多く活躍した存在である。乱世であったこの時代は、おびただしい数の浮浪民やアウトサイダーを生み出した。主君たちは、こういう流れ者たちを集め、食事を与えて住まわせたのだ。その中でも秦の宰相である呂不韋《りょふい》は多くの食客を抱えていたので、「食客三千」の状態だった。なぜこんな流れ者たちを養っていたかというと、主君の方も、彼らの知力や暴力、才能を必要としていたのだ。乱世ゆえに、才能のある者も行き場を失っていたわけだ。斉の孟嘗君《もうしょうくん》などは、犬と鶏のまねができる食客のおかげで命拾いしている。

言い方は悪いが、ヤクザが子分を集めて事務所に住まわせているのに似てなくもない。乱世では暴力と謀略に長けたものだけが生き残れるのか。

例文 政界の黒幕は食客三千の状態で、多くの手下を邸宅に住みこませていた。

車《しゃ》魚《ぎょ》之《の》嘆《なげき》

【意味】主人に対し待遇の悪さを嘆くこと
【出典】『戦国策』斉策

「食事に魚がないから帰ろうか？」

中国の戦国時代の公族である孟嘗君《もうしょうくん》は、数多くの食客を抱えていたことで有名である。

あるとき、孟嘗君のところにある人がやって来て、「馮諼《ふうけん》という貧しい男を居候させてやってくれませんか」と言ってきた。

孟嘗君が「そいつは何ができるんだ」と聞けば、その人は「何もできませんよ」と言った。

これを聞いて、孟嘗君は申し出を断った――のではなく、なんと苦笑して馮諼を居候させてしまったのだ。

孟嘗君は馮諼を軽く扱っていたので、側近は馮諼に野菜だけの粗末な食事しか与えなかった。

すると馮諼は、持ってきたボロボロの剣の柄《つか》を叩きながら、「長剣の柄よ、もう帰ろうか、食事に魚がないからな」と歌った。

これを聞いた孟嘗君は仕方なく、馮諼に魚料理を出させた。

ところが、しばらくすると馮諼はこう歌いだすではないか。「長剣の柄よ、もう帰ろうか、外に出るのに車がないからな」

孟嘗君は馮諼に車も与えてやった。

これで馮諼はじゅうぶん満足したかと思いきや、そうではなかった。今度は「長剣の柄よ、もう帰ろうか、これじゃ生活できないよ」と歌い始めたのだ。

側近たちは「あいつはがめつすぎる！」と激怒した。だが、孟嘗君は馮諼に老いた母親がいると聞き、母親に食べ物を支給することにした。

それでも馮諼は満足せず——ではなく、これでやっと馮諼は妙な歌を歌わなくなった。このお話から、主人の待遇の悪さを嘆くことを「車魚之嘆《しゃぎょのなげき》」という。

それにしても、なんという業突《ごうつ》く張《ば》りだろうか。何もできないくせに勝手に居候しにきて、魚がない車を出せとごねて、ついには要求を通してしまったのだ。

孟嘗君はよほど人を見る目がなかった。のではなく、この後、孟嘗君はこのチンピラのような馮諼に何度も窮地を助けられる。何も考えていないように見えて、鋭く人を見極める目があったのかもしれない。

例文 あいつはいつも車魚之嘆をしてるが、それでも会社を三十年も辞めないのは我慢強いな。

漱《そう》石《せき》枕《ちん》流《りゅう》

【意味】負け惜しみが強く、自分の過ちを認めずにこじつけを押し通すこと

【類義語】牽強付会《けんきょうふかい》・指鹿為馬《しろくいば》

【出典】『世説新語』排調

歯磨きしながら耳を洗え

この熟語はあまり知られていないが、「漱石《そうせき》」という熟語なら誰でも知っているだろう。かつて千円札にも登場したことでも有名な作家の夏目金之助のペンネームである。

こんな話が伝わっている。西晋《せいしん》の孫楚《そんそ》という人物が、ある時「石で口を漱《すす》いで、川の流れを枕にしたいもんだ」（漱石枕流《そうせきちんりゅう》）と言ってしまった。

意味不明だろう。実は、これは「枕石漱流《ちんせきそうりゅう》」（石を枕にして、川の流れで口を漱ぐ）という言葉を言い間違えたのである。俗世間を離れて自由に生きるという意味だ。

それを聞いた友人の王済《おうさい》は「なんなんだそれは。それを言うなら『石を枕にして、川の流れで口を漱ぐ』だろう」と突っ込んだ。

しかし、孫楚は間違いを認めず、「ちがうな。石で口を漱ぐのは、歯磨きするためだ。川を枕にするのは、耳を洗うためさ」と強情に言い張ったという。

この話から、漱石枕流で「負け惜しみが強く、自分の過ちを認めずにこじつけを押し通すこと」を意味する。夏目漱石も、このような意固地《いこじ》で強情な人間になりたかったのだろうか。たしかに『吾が輩は猫である』に出てくる狆野苦沙弥《ちんのくしゃみ》先生などはそんな感じだ。

例文 自分の間違いを認めることなど、誰でもできる。実は、漱石枕流を貫く方がはるかに困難で、知的にもクリエイティブなんだよ。

堅《けん》白《ぱく》同《どう》異《い》

【意味】詭弁やこじつけのたとえ
【類義語】白馬非馬
【出典】『公孫竜子』堅白論

堅くて白い石は存在しない？

中国戦国時代の公孫竜《こうそんりゅう》が唱えた説。「堅《かた》くて白い石は同時には成立しない」というもの。

こういうことである。石を見ているとき、白いという色はわかるが、堅さはわからない。石を触ったとき、堅さはわかるが、色が白だとはわからない。だから、堅くて白い石は同時には成立しない。

――意味不明かもしれない。だが、公孫竜に代表される名家は詭弁で売っていた思想家集団なので、無理に理解する必要はない。

しかし、「白さと堅さは同時には知覚できない」というのは誤りだろう。世の中には共感覚というものがあり、触れることによって色を見たり、音楽を聞いたりする人々もいる。フランスの詩人ランボーも「Aは黒、Eは白、Iは赤、Uは緑、Oは青」と母音に色を見ていた。

例文 堅白同異が得意な紗耶香《さやか》のおかげで、なんとか記者会見は乗り切れたよ。

狡《こう》兎《と》良《りょう》狗《く》

【意味】役に立つ間は重宝されるが、用がすめば捨てられるたとえ

【類義語】狡兎走狗《こうとそうく》・兎死良烹《としくほう》

【出典】『史記』淮陰侯伝

無能な者は長生きする

「韓信匍匐《かんしんほふく》」（198ページ）で知られる英雄・韓信は、劉邦《りゅうほう》が漢を建国するのを助けたが、後に謀反《むほん》の疑いをかけられ捕えられた。韓信は嘆いた。

「すばしこい兎が捕えられると、それを追った有能な犬は煮て喰われる。天高く飛ぶ鳥がいなくなると、よくできた弓はしまわれる。敵対する国がなくなると、功績のあった忠臣も殺される」

つまり、漢という国が成立したから、それに尽力した韓信は用なしになったということだ。その後、韓信は左遷され殺されてしまう。

哀しい話だ。やはり無能なまま目立たず生きたほうが安全なのだろう。

例文 仕事が終わると狡兎良狗になるのなら、初めから仕事をしなければいいのだ。

守《しゅ》株《しゅ》待《たい》兎《と》

【意味】古い習慣にとらわれ、時代の変化に対応できないこと
【類義語】旧套墨守《きゅうとうぼくしゅ》
【出典】『韓非子《かんびし》』五蠹《ごと》

そんなうまい話はない

一人の農夫がいた。ある時、兎が走ってきて田んぼの切り株にぶつかり、死んでしまった。なんというううまい話だろうか。何もしないのに、勝手に兎が手に入ったのだ。それを見た農夫は農作業をすべてやめ、切り株の前に居座り、ふたたび兎がぶつかってくるのを待ち続けた。「そんなうまい話があるわけないだろ！」農夫は国中の笑いものになってしまった。

『韓非子《かんびし》』にある話で、「だから政治においても、昔のやり方を守るのではなく、時代の変化に柔軟に対応しなければならない」と説いている。

古代中国を統一した秦の始皇帝は『韓非子』を読んで感動し、この著者に会えるなら死んでもかまわないとまで言ったという。

例文 新しい機械を破壊したラッダイト運動は守株待兎の典型だが、完全に無意味でもない。

遼《りょう》東《とう》之《の》豕《いのこ》

【意味】広い世界を知らずに思いあがっていること
【類義語】夜郎自大《やろうじだい》・井底之蛙《せいていのあ》
【出典】『後漢書』朱浮伝《しゅふでん》

豚の頭は白いのか？

昔々、中国の遼東《りょうとう》地方で、一匹の豚が頭の白い子豚を産んだことがあった。飼い主は驚いた。頭の白い豚など、見たことがなかったからだ。「これは珍しい、ぜひお上に献上しよう」と思い、河東《かとう》（山西省《さんせい》）まで出かけたところ、飼い主は目を疑った。そこで見かけた豚の群れは、みんな頭が白かったのだ。

「頭の白い豚なんて珍しくなかったのか」

飼い主は恥ずかしくなって、そのまま故郷に帰ったという。

見識の狭い人間を嘲《あざわら》笑う言葉だ。しかし、わざわざ頭の白い豚を取っておいて、お上に献上しようとは、殊勝な心がけではないか。田舎者なのかもしれないが、常識や文化が地域により違うのは当たり前だ。私はこの男を素直に馬鹿にする気にはなれない。

例文 町内会の会長というのは、下手したら遼東之豕になってしまう。

三《さん》人《にん》成《せい》虎《こ》

【意味】デタラメでも多くの人が言えば事実になるたとえ
【類義語】三人市虎《さんにんしこ》・浮石沈木《ふせきちんぼく》
【出典】『戦国策《せんごくさく》』魏策《ぎさく》『韓非子《かんぴし》』内儲説《ないちょせつ》上

町に虎が出た

中国の戦国時代。魏《ぎ》の王に臣下がこう問いかけた。

「『町に虎が出たぞ！』と一人が言ったら信じますか？」

王は当然、

「信じないな」と答えた。

「二人が言ったら信じますか？」

と聞いたら王は、

「ひょっとしたら……と思うかな」と言った。

さらに「三人が言ったとしたら？」

と問えば王は、

「信じるだろう」と答えたという。

この話から、「三人成虎《さんにんせいこ》」で「デタラメでも多くの人が言えば、事実となってしまうこと」を意味する。

現代でもこれと似たような事件が起こっている。

二〇一六年に熊本地震が起きた時、お調子者がインターネットに「ライオンが動物園から脱走したぞ！」と書き込み、ご丁寧に街をライオンが闊歩《かっぽ》している写真まで添えた。これを真に受けた者が続出し、大騒ぎになったから、極めて現代的な熟語と言えるだろう。

ちなみにライオンの写真は、以前に外国の街で撮られたフェイクだった。

これとよく似た熟語に「聚蚊成雷《しゅうぶんせいらい》」がある。

これは、「蚊が多く集まって飛ぶと、雷のような大きな音になる」ということで、ひいては「つまらないものでも多く集まれば大きな力になる」という意味である。

まあ蚊が集まればうるさいのはわかるが、それが雷クラスになるというのは言いすぎだろう。これも白髪三千丈《はくはつさんぜんじょう》（168ページ）式の大げさな表現だろうか。

例文 ネット社会は本当にやっかいだ。どんなデマでも何人かは信じて拡散してくれるから、簡単に三人成虎になっちゃうんだよね。

南《なん》柯《か》之《の》夢《ゆめ》

【意味】夢。はかなく空しいことのたとえ
【類義語】一炊《いっすい》之《の》夢《ゆめ》・邯鄲《かんたん》之《の》夢《ゆめ》

蟻《あり》の帝国の野望

一人の男が、槐《えんじゅ》の木の下で眠りこけていた。
ふと気がつくと、目の前に大槐安国《だいかいあんこく》の使者だと名乗る者が立っていて、男を穴の中にいざなうではないか。

男が穴の中に入っていくと、そこには大槐安国の国王がいた。そこで男は国王の娘と結婚し、南柯郡《なんかぐん》の太守に命じられ、栄枯盛衰の二十年をすごした。

……ここで男は目が覚めた。男は槐の木の下で眠っていたのだ。よく見ると、木の根元には二つの穴があり、一つの穴には蟻の王様がいた。もう一つの穴は南の枝（南柯）に通じていた。南柯郡とはこのことだったのだ。

「邯鄲之夢」（202ページ）に似ている。しかし、人間も蟻も行動は大して変わらないのか。

例文 アレクサンダー大王の大征服も、アンドロメダ星雲から見たら南柯之夢にすぎない。

猿《えん》猴《こう》取《しゅ》月《げつ》

【意味】できもしないことをしようとして破滅すること
【類義語】海底撈月《かいていろうげつ》・蟷螂之斧《とうろうのおの》
【出典】『僧祇律』七

猿は月を熱く愛す

舞台はインドの波羅那《ハラナ》城である。ある夜、木の下の井戸に、月がおぼろに映っていた。それを見た五百匹もの猿たちが、なんとか月を手に取ろうとしたのである。一匹の猿が木の枝にしがみつく。すると、別の一匹が初めの猿のしっぽをつかみ、月を手に入れようとする。

この調子で猿どもが集まり、数珠つなぎになってしまったのだ。そして、ついには重力に耐えきれず枝が折れてしまい、猿どもはことごとく井戸に落ち、溺れ死んだという。

なんだかどこかで聞いたような話だ。芥川龍之介の「蜘蛛の糸」に似ている。

日本語では「猿猴《えんこう》が月」「猿猴が月に愛す」などという。勝手に愛してほしいものだが、なんとなく日本語として響きが変だ。

例文 崖で自撮りしようとして転落するネット配信者がいるが、一種の猿猴取月なのか。

伊《い》尹《いん》負《ふ》鼎《てい》

【意味】野望を達成するために身分を変えること

【類義語】韓信匍匐《かんしんほふく》

【出典】『史記』殷紀

鍋を背負うのは重いだろう

殷に伊尹《いいん》という農民がいた。彼は名君と謳《うた》われた湯王《とうおう》のもとで働きたかったのだが、コネも何もなかった。だから、伊尹は湯王の妃《きさき》の下僕になり、そして料理人として王に近づいた。

伊尹は鼎《かなえ》と俎《まないた》を背負って王に接近したという。彼は王の料理人になり、料理にたとえて王に政治を説いたのだ。最終的に伊尹は殷の宰相までに昇りつめている。

それにしても、鼎を背負うのは重かっただろう。今で言うと、大きな中華鍋を背負って現れるようなものか。しかし、それで殷の宰相となり、善政を行ったというのだからかまわないのだ。

意外と、料理と権力は密接に関わっているのかもしれない。王に仕える料理人は、王の健康や命運をも握っているのだから。そういえば、北朝鮮の金一族の料理人になり、国家機密にも関わったという日本人もいた。

例文 彼は会長に復讐するために、あえて専属運転手に志願し、伊尹負鼎してその時を待った。

西《せい》狩《しゅ》獲《かく》麟《りん》

【意味】物事の終わり／文章を書き終えること

【出典】『春秋左氏伝』哀公一四年

麒麟《きりん》はいつ現れるのか？

あるとき、孔子が西の方に狩りに出かけると、見たこともない動物が射止められた。それが「麒麟」だった。孔子はそれを見て「私の道もここで終わりだ」と嘆き、後に歴史書『春秋』を書いた時、書の最後に「哀公十有四年春、西に狩りをして麟を獲《え》た（西狩獲麟《せいしゅかくりん》）」と記し、筆をおいた。その後まもなく、孔子はこの世を去っている。

麒麟とは動物園で見かけるキリンではなく、中国の伝説上の動物である。牛の尾、馬の蹄《ひづめ》を持ち、体は五色で彩られ、翼を広げて飛ぶ。オスには角があるが、その先は肉で覆われているので、誰も傷つけることはない。

麒麟は聖人の統治する世の中だけに出現するとされている。つまり、まず出現することはないということだ。

例文 作家は原稿をさっさと西狩獲麟し、そのまま遊びにでかけた。

焚琴煮鶴《ふんきんしゃかく》

【意味】殺風景なこと。風流がわからないたとえ

【類義語】清泉濯足《せいせんたくそく》

【出典】『義山雑纂《ぎざんざっさん》』殺風景

無風流な連中へ

「琴《こと》を焚《た》いて鶴《つる》を煮《に》る」だ。相変わらず意味不明である。

琴は中国古来の楽器である。琴を弾《ひ》くことは君子の嗜《たしな》みとされ、厳しい作法を定めた「琴道《きんどう》」「琴学《きんがく》」まであった。

鶴は長寿の鳥とされ、中国でも縁起がいい。しかし、その鶴を煮て食べてしまうわけだ。つまり、「焚琴煮鶴《ふんきんしゃかく》」で風流がわからず殺風景なことを意味する。

なお、鶴は日本でも江戸幕府や朝廷で食していたと言われている。味は大していいものではないようだ。

例文 デュシャンの革命的傑作「泉」は、その辺に売っている便器をひっくり返してサインしただけの代物だが、あれを本当に便器として使うのは焚琴煮鶴だろうか。それとも、あれを大事に美術館に飾っておくほうが焚琴煮鶴なのか。

恒《ごう》河《が》沙《しゃ》数《すう》

【意味】数えきれないほど多いことのたとえ

【類義語】恒《ごう》沙《しゃ》塵《じん》数《じゅ》

100000000000000000000000000000000000000（以下略）

「恒河《ごうが》」とはインドのガンジス川のことである。ガンジス川の漢字表記があるとは感動する。読み方もヒンディー語の「ガンガー」とそっくりだ。

なお、「恒河沙数《ごうがしゃすう》」はガンジス川の砂の数のこと。ひいては、数えきれないほど多いことを意味する。「恒河沙」は数字の単位でもあり、10^{52}を意味する。こんな大きな単位が存在することじたいが不可解だが、これを超える単位も存在する。

阿僧祇《あそうぎ》・那由他《なゆた》・不可思議・無量大数などがそれで、無量大数は10^{68}だとされている。実際にここで0を書き連ねてもいいが、字数オーバーになるので、残念ながらやめておく。

例文 恒河沙数の涙を流す夜もあった。

曽《そう》参《しん》殺《さつ》人《じん》

【意味】嘘でも何回も聞かされると信じてしまうたとえ

【類義語】三人成虎《さんにんせいこ》・市虎三伝《しこさんでん》・衆議成林《しゅうぎせいりん》

【出典】『戦国策』秦策

地球は丸いか平たいか

まるでミステリー小説のタイトルのようだ。曽参《そうしん》は儒教の始祖である孔子の弟子で、親孝行で有名だった。だがあるとき、街に曽参と同姓同名の人間がいて、その男が殺人を犯した。

ある人が曽参の母親のところにやって来て、「曽参が人を殺したぞ」と言ったが、母親は「私の息子が殺人なんかするわけない」と言い、平然と機《はた》を織《お》っていた。二人目の男も同じことを言ったが、母親の態度は変わらなかった。

しかし、三人目の男が「曽参が人を殺したぞ」と言うと、さすがの母親も驚き、機を放り出し、垣根《かきね》を飛び越えて走り去ったという。

現代でも犯罪の容疑者と同姓同名の人間が、ネットに晒《さら》し上げられて大迷惑を被《こうむ》ることがあるが、人間のデタラメさは太古から変わっていないようだ。

例文 曽参殺人というように、地球平面論でも何回も聞かされると本当かと思ってしまう。

盟《く》神《か》探《た》湯《ち》

【意味】古代日本で熱湯の中に手を入れさせて有罪無罪を決めた裁判
【出典】『日本書紀』允恭紀《いんぎょうき》・中

野蛮とDNA鑑定

古代の日本では、盟神探湯《くかたち》なるものが行われていた。熱湯の中の小石や、壺の中の毒蛇を素手で取り出させるのだ。罪のある者は手を火傷したり、蛇に噛まれたりされるとする裁判だ。潔白な人間には神の加護があるから、無傷なはずだと考えられたのだろう。あるいは、実際に盟神探湯をやらなくても、盟神探湯をやると宣言しただけで、罪人は慄《おのの》いて自白すると思われたのだろう。

今から見ると野蛮すぎる裁判方法だが、似たようなことは世界中で行われていた。指紋採取やDNA鑑定のない時代は、黒白つけるにはこんなやり方しかなかったのかもしれない。

例文 原告と被告を決闘させて、勝った者が無罪という古代ヨーロッパの裁判もあるが、神の加護があるなら勝つはずだという発想がもとにあるのだから、盟神探湯と本質的に同じなのかもしれない。

白馬非馬《はくばひば》

【意味】詭弁やこじつけのたとえ
【類義語】堅白同異《けんぱくどうい》
【出典】『公孫竜子《こうそんりゅうし》』白馬論

馬鹿は馬でも鹿でもない

「白馬は馬ではない」という有名な論理。

「白馬」という概念は、「白」という概念と「馬」という概念から成り立っている。つまり、単なる「馬」という概念とは違う。だから白馬は馬ではない。

中国の戦国時代の思想家・兒説《げいせつ》は「白馬は馬ではないよ」と言いながら、白馬に乗ったまま関所をタダで通ろうとしたが（馬には通行税がかけられていた）、関所の役人はまったく相手にせず、かまわず通行税を取ったという。

「馬鹿らしい」と思うかもしれない（ちなみに馬鹿も馬ではない）。しかし、この論が生まれたのは紀元前三世紀より前の中国である。日本には文字すらなかった時代だ。そんな太古にこんな鮮やかな詭弁をひねり出したとは、恐るべき知性と言わざるをえない。

例文 白馬非馬な理屈を思いつくのも、立派な才能なのだろう。

第五章
アホらしい熟語

已《い》己《こ》巳《み》己《き》

【意味】たがいに似ているもののたとえ

和歌まであるとは！

冗談のようだが、実在する熟語。

「已己巳己」は同じ漢字を意味もなく四つ連ねたものではなく、「已」「己」「巳」というまったく別の漢字を使ったものである。

「已《い》」は「すでに」という意味である。「己《こ》」は「おのれ」という意味。「巳《み》」は十二支の六番目で、動物では蛇を指す。

「已」「己」「巳」は姿形が似すぎているので、古くから多くの人々が間違い続けてきた。

だから、「已己巳己」は「たがいに似ているもののたとえ」である。

アホらしいが、この三つの漢字を覚えるための和歌まである。「中につく已《すで》にイの声、下につく己《おのれ》キの声、上は巳《し》の声」この歌を覚えるのが一番面倒くさい。

例文 君と僕は、本当に已己巳己だね。

韻《いん》鏡《きょう》十《じゅう》年《ねん》

【意味】非常に難解なこと

まるで暗号

『韻鏡《いんきょう》』は唐代の書物である。下の写真を見ていただきたい。

なんだかよくわからない。まるで暗号だ。

これは、漢字の音韻《おんいん》を図で表わしたものだ。中国語は発音が複雑なため、その解説もややこしくなる。『韻鏡』を理解するには十年はかかるため、「韻鏡十年」という言葉が生まれた。

それにしても、難しいことの代表として熟語にまでなった書物があるとは、すごい話だ。書物本人からしても、光栄だろう。

例文 トラークルの詩は韻鏡十年と言われるが、僕にはごく自然にわかるんだよね。

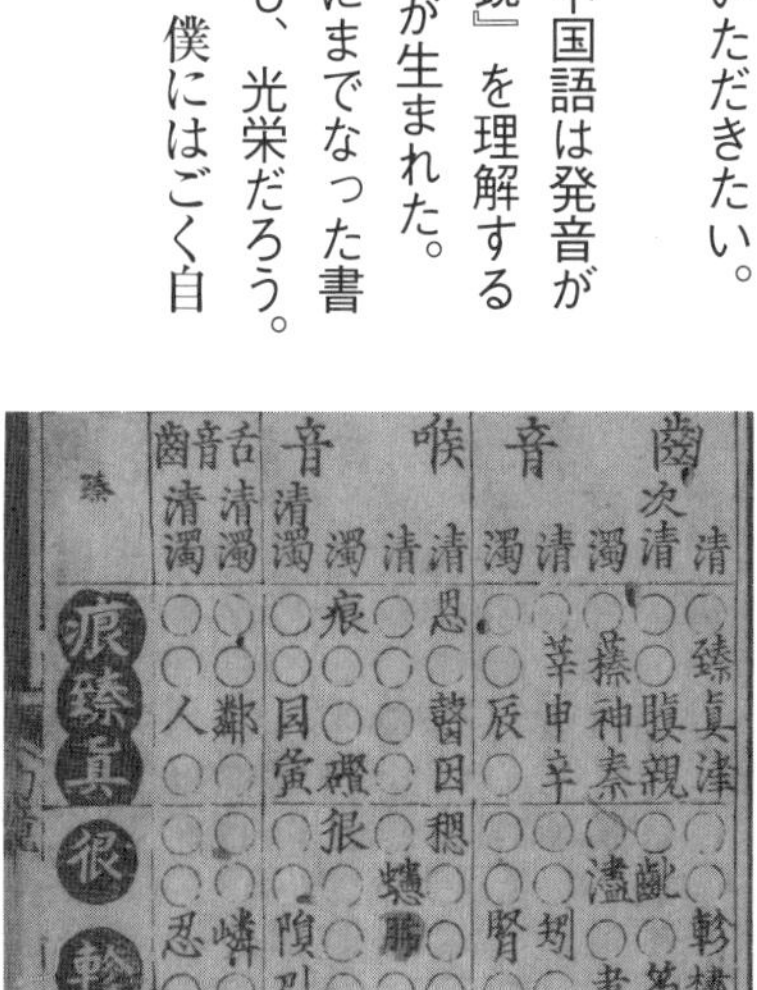

亀《き》毛《もう》兎《と》角《かく》

【意味】ありえないことのたとえ／戦争が起こるきざし
【類義語】烏《う》白《はく》馬《ば》角《かく》・亀《き》毛《もう》蛇《だ》足《そく》
【出典】『捜《そう》神《しん》記《き》』六

亀に毛が生えた

四世紀の中国で成立した、奇怪な話を集めた『捜神記』という本に、こんな記述がある。「商（殷《いん》）の紂《ちゅう》王のとき、大きな亀に毛が生え、兎に角が生えた。これは戦争が起こる前兆である」

不可解な話だが、亀に毛が生えるというのは、シュールというか、ユーモラスである。しかし、戦争の前兆だと言われたら笑ってもいられない。

この一節から「亀《き》毛《もう》兎《と》角《かく》」という語が生まれた。

なお、「とにかく」を「兎に角」と書くのはこの熟語から来たと言われるが、意味は別に関係ない。

例文 白い烏《からす》は現実に存在するので、けっして亀毛兎角ではない。

談《だん》虎《こ》色《しき》変《へん》

【意味】体験した者だけが真実を知るたとえ／怖い話を聞いただけで顔色を変えること

【出典】『河南程氏遺書《かなんていしいしょ》』二上

「……トラ」

「虎に襲われたことがある人は、虎の話を聞いただけで顔色を変えてしまう」がもとの意味。なんだか少し情けないが、仕方ないのだろう。虎に襲われて、それがトラウマかPTSDになっているのかもしれない。

こういう人の背後に忍びより、耳元でそっと「……トラ」などとささやくのは、絶対にやってはいけないことなので、注意していただきたい。

虎は中国でも、やはり獰猛《どうもう》で強い獣だと見なされてきた。虎は「野獣の王」とも呼ばれるが、それは虎の額の模様が「王」という漢字に似ているから、という冗談のような話もある。庶民の間では、子どもがいたずらをすると「虎が来て食べちゃうぞ」と脅したりするという。

例文 談虎色変するから、私の前でまんじゅうの話はしないでください。

王《おう》述《じゅつ》忿《ふん》狷《けん》

【意味】王述は怒りっぽいということ

【類義語】王述擲卵《おうじゅつてきらん》・王思怒蝿《おうしどよう》

【出典】『晋書』王述伝

怒りっぽい男の伝説

東晋《しん》の役人だった王述《おうじゅつ》は、とても怒りっぽい男だった。ある時、彼は卵を食べようとした。箸《はし》で卵を突き刺そうとしたのだが、つるりと滑ってしまい、どうしても刺せない。

王述はこれに怒り、卵を地面に叩きつけてしまった。卵はころころと転がっていく。王は卵を追いかけ、下駄で踏みつぶそうとした。しかし、これがまた滑るのである。王はさらに怒り狂い、卵をつかみ取り、口の中に入れ、ぐちゃぐちゃにかみ砕いて吐き出したという。

この故事から、「王述忿狷《おうじゅつふんけん》」（王述はとても怒りっぽい）という熟語が生まれたのである。

……「だからなんだ」と言われても困る。こういう四字熟語が、辞書には真面目な顔で載っているから仕方ない。王述は特に歴史的に重要な人物でもないが、単に「卵を食べるときに怒り狂った」という理由だけで辞書に載ってしまい、後世に名前が知られることになったのだ。

私たちが今やっている下らないことも、五百年後くらいには四字熟語やことわざになっている可能性は十分にあるので、気をつけて日々をすごしたいものだ。

例文 王述忿狷で例文を作れと言われても困る。何の実用性もない熟語だから、例文を作りようがないし、作っても何の役にも立たない。こんな熟語を載せる本は何を考えているのか!

夏《か》虫《ちゅう》疑《ぎ》氷《ひょう》

【意味】見識が狭いたとえ
【類義語】井《せい》蛙《あ》之《の》見《けん》・尺《せき》沢《たく》之《の》鯢《げい》
【出典】『荘子』秋水

虫に氷の話をするな

直訳すると「夏の虫は氷を疑う」。『荘子』にはこうある。
「井戸の中に棲《す》んでいる蛙に海の話をしても無駄なのは、蛙が自分の狭いすみかに囚《とら》われているからだ。夏の虫に氷のことを話しても無駄なのは、夏の虫が暑い夏のことしか知らないからだ」

意味は「見識が狭いこと」である。

しかし、なかなかシュールな光景だ。夏の虫にわざわざ氷の話をしてやる人も珍しいが、虫もそんな話は聞いちゃいないだろう。「氷を疑う」以前に、虫は「氷」という概念を知らないし、さらに「疑う」という心理もないだろう。なんだかよくわからない熟語だ。

例文 日本に閉じこもっていると夏虫疑氷になるから、できる限り海外に出たほうがいいよ。

清《せい》聖《せい》濁《だく》賢《けん》

【意味】酒のこと
【類義語】百薬之長《ひゃくやくのちょう》・忘憂之物《ぼうゆうのもの》
【出典】『魏誌』徐邈伝《じょばくでん》

欲望は野放しにしよう

字面からするとすごく神聖で奥深そうな熟語なのだが、意味は単に「酒」のことである。中国の三国時代に、魏《ぎ》の主君である曹操《そうそう》が禁酒令を出した。これには民衆も参って、酒をいっさい飲まなくなったかと思ったが、もちろんそんなことはなかった。彼らは清酒を聖人、濁り酒を賢人と呼び、かまわず飲み続けたという故事による。

日本でも飲酒を禁じられていた僧侶が、酒を「般若湯《はんにゃとう》」と呼んで密かに嗜《たしな》んでいた。

どうも禁酒法というものは、うまくいかないようだ。アメリカで二十世紀初頭に禁酒法が施行されたとき、これで街から酔っ払いが一掃され、健全で美しい世界が現れると期待されたが、実際にはそんなことはなかった。逆に酒を密造して売りさばくマフィアが跳梁跋扈《ちょうりょうばっこ》し、かえって世情が乱れただけだった。人間の欲望は野放しにしたほうが安全だろう。

例文 できたら清聖濁賢をすべて断って、清らかで聖人みたいな人生を送りたいのだ。

烏《う》焉《えん》魯《ろ》魚《ぎょ》

【意味】文字の書き間違い
【類義語】魯魚章草《ろぎょしょうそう》・三豕渡河《さんしとか》・魯魚亥豕《ろぎょがいし》
【出典】『事物異名録』書籍・書訛《しょか》

魯魚亥豕魯魚章草魯魚帝虎

なんだか似たような字を集めた熟語だ。思わず書き間違えそうである。

……そう、これは「文字の書き間違え」という意味の熟語だ。「魯」と「魚」、「章」と「草」は見かけがよく似ているので書き間違えやすいという、それだけの熟語である。

現代のフォントを見てもよく似ているが、昔は筆で崩したり一部を省略したりして書いたので、さらに似ていたのだ。また、書物は次々と書き写されていたので、ますます間違われたのだろう。「書は三回写せば、魚は魯となり、虚は虎となる」という言葉もある。

似たような言葉に「魯魚亥豕《ろぎょがいし》」「魯魚章草《ろぎょしょうそう》」「魯魚帝虎《ろぎょていこ》」などがある。太古から多くの人々が間違えて困っていたにちがいない。

例文 いくら校正しても烏焉魯魚の類はなくならないので、あきらめたほうがいい。

禹《う》行《こう》舜《しゅん》趨《すう》

【意味】外面だけ真似て中身がないこと
【類義語】禹《う》歩《ほ》舜《しゅん》趨《すう》
【出典】『荀子《じゅんし》』非十二子《ひじゅうにし》

ムーンウォークを真似しても

「禹《う》のように歩き舜《しゅん》のように走る」という意味。といっても、多くの人には意味不明なはず。禹と舜は中国古代の伝説上の名君である。「禹行舜趨《うこうしゅんすう》」は、聖者である禹の歩き方と舜の走り方を真似るという意味で、外見だけ真似をして中身がないことを表わす。

なお、禹は治水工事のために各地を飛び回るあまり、足を痛め、いびつな歩き方しかできなくなったというから、「禹行」はそれを意味しているのだろう。

例文 マイケル・ジャクソンの真似をしてムーンウォークをしても、たいていは禹行舜趨で終わるだろう。

烏《からす》之《の》雌《し》雄《ゆう》

【意味】二つのものの区別がつきにくいたとえ
【出典】『詩経』小雅《しょうが》・正月《せいげつ》

烏のオスはメスなのか

烏《からす》は真っ黒なので、どちらがオスでどちらがメスなのかよくわからない。だから、「烏之雌雄《からすのしゆう》」でよく似ていて区別のつきにくいもののことをいう。中国の古代でも、人々は烏の雄雌の区別がつかずに、悩んでいたようだ。

――といっても、それは愚かな人間の世界でのこと。烏本人には、オスとメスの区別がちゃんとわかるらしい。

人間の目からすると、烏なんてみんな真っ黒で同じだろうと思いがちだが、烏の目を通すと、烏のオスは赤っぽい色をしていて、メスは紫色だという。

もっとも、人間からすると現代でも烏之雌雄はよくわからないようで、最終的には体内の卵巣や精巣を調べるしかないようだ。烏ごときで大騒ぎなのである。

例文 ヤクザとマル暴の刑事は烏之雌雄で、外見がそっくりなのだ。

郢《えい》書《しょ》燕《えん》説《せつ》

【意味】こじつけて解釈すること
【出典】『韓非子』外儲説《がいちょせつ》左上

こじつけは世界を救う

中国の春秋時代に、郢《えい》（楚《そ》の都）の人が燕《えん》の大臣にあてた手紙を口述筆記させていた。ところが、部屋の中が暗いので、蠟燭《ろうそく》を持っている者に「燭《しょく》を挙げよ」と命じた。すると、代筆している者が手紙にそのまま「燭を挙げよ」と書いてしまったのだ。手紙は燕の大臣のもとに届けられた。大臣は「燭を挙げよ」を「賢者を登用せよ」のことだと勘違いし、その通り実行した。すると、国は見事に治まった。めでたしめでたし。

――ではなくて、この熟語は「こじつけて解釈すること」という意味である。しかしこじつけだろうがなんだろうが、よい政治ができたのだからよしということにしておこう。もし大臣がこじつけ解釈をせずに正しく手紙を読んでいたら、きっと人民は不幸な生活を送ったにちがいない。

例文 郢書燕説が実は真実を突いていた、ということはしばしば起こるのだ。

掩《えん》耳《じ》盗《とう》鐘《しょう》

【意味】悪事はうまく隠したつもりでも、まわりには知れ渡っているたとえ

【類義語】掩目捕雀《えんもくほじゃく》

【出典】『呂氏春秋《りょうししゅんじゅう》』自知

哲学者が鐘を盗む

一人の泥棒が、鐘を盗もうとした。ところが、その鐘が大きすぎるのだ。男はしかたなしに、鐘を割って小さくしてから運ぼうと思い、鐘を槌《つち》で叩いたら、なんと大きな音がするではないか。この音を聞かれたら大変なことになる。そう考えた男は、あわてて耳をふさいだという。これで音は聞こえない。めでたしめでたし。

――非常にバカな男に思えるが、これは一種の唯我論《ゆいがろん》だろう。この世に存在するのは自分と自分の感覚だけであり、世界は自分が認識しているから存在する。自分が認識することをやめれば、世界は消滅する。鐘の音も自分が聞いているから存在するのであり、耳をおおって聞くのをやめれば、音も消え去る、という理屈だ。そう考えると、このアホな泥棒も、偉大な哲学者のように見えてくる。

例文 スリはカバンを奪ったが、掩耳盗鐘で、中のスマホのGPSが警察に居場所を知らせた。

夏炉冬扇《かろとうせん》

【意味】役に立たないもののたとえ
【類義語】六菖十菊《りくしょうじゅうぎく》
【出典】『論衡《ろんこう》』逢遇《ほうぐう》

必要ないものを売りこめ

「夏の炉《いろり》と冬の扇《おうぎ》」ということ。暑い夏に炉を持ち出しても暑いだけだし、冬に扇であおいでも寒くなるだけだ。つまり、夏炉冬扇《かろとうせん》で役に立たないもの、季節はずれなものを意味する。

もっとも、優れたセールスマンというのは、砂漠の遊牧民族にコタツを売りつけられる人だ、という説を聞いたことがある。

こんな話がある。靴のセールスマンが二人、ある国に出張に出かけた。一人のセールスマンは、本国に電話してこう嘆いた。「だめです、この国は誰も靴をはいていませんよ」

だが、もう一人のほうは嬉々《きき》として電話してきた――「チャンスですよ、この国では誰も靴をはいていません!」

存在しない需要を無理やり作り出すことに、ビジネスの極意があるのだろう。

例文 芸術は夏炉冬扇であり、役に立たないからこそ美しい。

画《が》虎《こ》類《るい》狗《く》

【意味】才能のない者が優れた人のまねをして失敗すること
【類義語】画《が》虎《こ》成《せい》狗《く》・照《しょう》猫《びょう》画《が》虎《こ》
【出典】『後漢書』馬援伝

虎と犬のちがいは？

後漢の将軍・馬援《ばえん》は、甥《おい》たちがヤクザな連中とつるんでいると聞き、手紙でこう警告した。

「杜季良《ときりょう》は豪傑で義を好む……奴の真似をして失敗したら、ただのチンピラで終わってしまうぞ。虎の絵を描こうとしたら犬の絵になるようなもんだ」

つまり、表面だけ真似して失敗したら、滑稽なピエロになってしまうぞという警告なのだ。

それにしても、現代美術の世界だったら、こんなことは言われないだろう。

いったい何を描いているのかよくわからない絵も珍しくはなく、人間を描いているはずなのに、とうてい人間には見えない作品も山ほどあるからだ。

例文 ギター初心者が安易にクラプトンの真似をしても、画虎類狗になるだけだぞ。

邯《かん》鄲《たん》之《の》歩《あゆみ》

【意味】自分本来の姿を忘れて他人のまねをしたら、どちらもだめになるたとえ

【出典】『荘子』秋水

都会的な歩き方とはなにか

ある田舎者は、都会に密かな憧《あこが》れを持っていた。彼は趙《ちょう》の都である邯鄲《かんたん》に行き、都会の歩き方を学ぼうとした。

しかし、都会の歩き方はなかなか身につかない。そしてまずいことに、故郷での歩き方も忘れてしまったのだ。まともに歩くことができなくなったこの田舎者は、四つん這いになって村に帰るしかなかったという。

自分本来の姿を忘れて他人のまねをしたら、両方ともだめになるぞ、というありがたい教えだ。

しかし、「都会的な歩き方」というのは何なのか。鍬《すき》を抱えたり牛を曳《ひ》いたりするときのとは違う、颯爽《さっそう》としたファッションモデルのような歩き方だろうか。いずれにせよ、普通の歩き方すら忘れてしまうというのは、かなり無理のある話である。

例文 写実主義が得意な君が下手に表現主義のまねをすると、邯鄲之歩になっちゃうよ。

狗《く》尾《び》続《ぞく》貂《ちょう》

【意味】劣った者が優れた者の後に続くたとえ
【出典】『晋書《しんじょ》』趙王倫伝《ちょうおうりんでん》

犬のしっぽを冠《かんむり》に

西晋の末期に内乱が起き、八人の王が天下を盗《と》ろうと争っていた。

その一人に、趙《ちょう》の国の王である司馬倫《しばりん》がいた。彼は勝手に皇帝を名乗り、一族郎党を手当たり次第に高位高官につけた。

その頃の高官は、冠《かんむり》に貂《てん》の尻尾をつけていた。貂の毛皮は高級品であり、貴重だったからだ。

だが、あまりに高官が増えすぎたので、このままでは稀少な貂の尻尾はなくなるかもしれない。

「そのうち、奴らは犬のしっぽを冠につけるだろうよ」

民衆はそう言って嘲笑《あざわら》ったという。

なんとなく子どもっぽい話だ。空虚な地位や勲章を欲しがる人種はどこにでもいるらしく、かつてロシアに行ったときに、全身を勲章で埋め尽くした爺さんを何人も見たものだ。

例文 優れたバンドが出た後は、必ず猿真似をした三流バンドが量産され、狗尾続貂となる。

桐《きり》壺《つぼ》源《げん》氏《じ》

【意味】読書や勉強が長続きしないたとえ
【類義語】三日坊主・三月庭訓・雍也論語《ようやろんご》

三日坊主は世界中にいる

『源氏物語』は言わずと知れた、平安時代に紫式部の書いた、世界で最初の小説とも呼ばれる作品である。

ところが、この物語は五十四巻もあり、極めて長い。最後まで通して読める人はそうそういない。

最初の「桐壺《きりつぼ》」の巻で挫折する者が続出したので、そういう人々は「桐壺源氏《きりつぼげんじ》」と呼ばれて揶揄《やゆ》された。

こういう人々は、別に日本だけにいたのではない。中国にも「隠公左伝《いんこうさでん》」という言葉がある。『春秋左氏伝』という歴史書があるのだが、これも最初の「隠公」のところで飽きて読むのをやめてしまう人々が多かったので、こんな情けない言葉ができあがったのだ。

例文 プルーストの大作『失われた時を求めて』は、桐壺源氏でない人のほうが少ないだろう。

鶏《けい》鳴《めい》狗《く》盗《とう》

【意味】くだらない特技の持ち主／くだらない特技でも役に立つたとえ

【出典】『史記』孟嘗君伝《もうしょくんでん》

闇夜に関所を突破せよ！

中国の戦国時代、孟嘗君《もうしょうくん》という男が秦の昭王《しょうおう》に投獄されてしまった。

孟嘗君はなんとか逃れようとし、昭王の側室のもとに遣《つか》いをやり、自分を解放してくれるように頼み込んだが、側室は「あなたの狐の毛皮の服をいただければ、王様に言ってあげてもいいわよ」と言った。

孟嘗君の持っていた狐の毛皮の服は貴重な高級品だったが、残念ながらすでに王に献上してしまっていた。

非常に困った事態だったが、孟嘗君には犬のように盗みがうまい手下がいた。この手下を王の蔵の中に忍び込ませ、献上した服を盗み出させたのだ。この服を側室に与え、なんとか孟嘗君は獄から解放された。

孟嘗君はすぐに国外に逃れようとした。ところが、孟嘗君を解放したことを昭王は悔み、追っ手を差し向けたのだ。

孟嘗君は偽名を使い、夜ふけに国境の函谷関《かんこくかん》まで辿《たど》り着いた。しかし、関所は鶏が鳴かないと開かない。早く関所を突破しないと、王の追っ手に捕まってしまう……。

しかし、なんという幸運だろう、孟嘗君の手下には「鶏の鳴きまね」がうまい男がいたのだ。

この男が鶏の真似をして「コケコッコー」と鳴くと、周囲の鶏はにわかに目覚めだし、それにあわせて「コケコッコー」と喚《わめ》き始めた。

関所は開いた。孟嘗君は間一髪で関門を突破し、秦から生きて帰ってきたのである。

――まるでスパイ小説のような、手に汗を握る展開である。

この話から生まれた「鶏鳴狗盗《けいめいくとう》」という言葉は、「下らない特技を弄《ろう》する者」と馬鹿にするために使われることが多いが、「韓信匍匐《かんしんほふく》」（198ページ）の倣《なら》いもあるではないか。

下らなかろうが、アホらしかろうが、何でもいいから生き残った者の勝ちなのである。

例文 エアギターの技は、まさに鶏鳴狗盗だ。一見馬鹿らしかろうが、技を極めれば世界大会にも出場できるし、それでギャラを稼ぐこともできるのだから。

刻《こく》舟《しゅう》求《きゅう》剣《けん》

【意　味】時代の変化を知らずに古いやり方を続けるたとえ
【類義語】旧套墨守《きゅうとうぼくしゅ》・守株待兎《しゅしゅたいと》
【出　典】『呂氏春秋《りょししゅんじゅう》』察今《さっこん》

月日は流れ　わたしは残る

春秋時代に楚《そ》の人が舟で川を渡っていた。ところが途中で、川に剣を落としてしまった。その人は慌てたが、すかさず舟べりに目印を刻んでおいた。しばらくして舟は停まった。男はおもむろに川に潜り、目印を頼りに剣を探したが、そんなものは見つかるわけがない。舟は剣を落とした後、はるか移動してしまったからだ。

「だから時代が変わっているのに同じやりかたを続けてはいけませんよ」というありがたいアドバイスである。川の流れは、時代の流れの比喩《ひゆ》なのだろう。フランスの詩人アポリネールも「ミラボー橋」で歌っている——

「月日は流れ　わたしは残る」（堀口大學訳）

例文 刻舟求剣と言われても、同じことをやり続けると人間国宝になることもある。

三《さん》家《し》渡《と》河《か》

【意味】文字の読み間違いや書き間違いのたとえ
【類義語】烏焉魯魚《うえんろぎょ》・魯魚章草《ろぎょしょうそう》・亥豕之譌《がいしのか》
【出典】『呂氏春秋』察伝

軍隊が三匹のブタとともに河を渡った

あるとき、孔子の弟子である子夏《しか》が衛の国を旅していると、ある人が歴史書を音読しているのに出くわした。

「晋《しん》の軍隊が三匹の豕《ぶた》とともに河を渡った」

これはおかしい。なんで軍隊が三匹の豕とともに河を渡らねばならないのか。子夏は言った。

「それはおかしいですね。『三』は『己』の、『豕』は『亥』の間違いじゃないか。『晋の軍隊が己亥《きがい》の年に河を渡った』と読むんじゃないか」

確かにその通りだった。しかし、「軍隊がブタとともに川を渡った」とするほうが、意味はおかしいが、内容は断然面白い。子夏は余計な訂正をせずに、放っておけばよかったと思う。

何でも正解が正しいとは限らないのだ。

例文 街でよく見かける三家渡河な看板はとても面白い。

照《しょう》猫《びょう》画《が》虎《こ》

【意　味】本質を見ずに形だけ真似することのたとえ
【類義語】画《が》虎《こ》類《るい》狗《く》

猫なのか虎なのか？

「猫を参考にして虎の絵を描く」という意味である。

馬鹿らしいと思うかもしれないが、昔の日本人の画家は、真剣にやっていた。

もともと日本には虎は存在しなかったので、日本の画家は虎など見たことがなかった。

しかし、どういうわけか「虎の絵を描いてくれ」という依頼だけは舞い込んでくる。虎の画は魔除けになるとか、子孫繁栄の象徴だとかいうことで、人気が高かったのだ。

では、画家たちはどうしたのか。

仕方ないので、猫を観察し、想像力で無理やり膨《ふく》らませ、虎だということにしたのだ。

そのせいか、江戸時代の日本の虎の絵は、どこか猫くさい。

きちんと前足をそろえてお行儀よくしていたり、上目遣《づか》いで媚《こ》びるように人間を見上げていたりで、あまり怖くない。

しかし、ほとんどの日本人は虎を見たことがなかったので、これでいっこうにかまわないわけだ。

もっとも、当時の日本人もそれほど馬鹿ではなかった。

「虎だと言っているが、本当なのかな。だいたい、この絵描きは虎を見たことないだろう！　なんで虎の絵が描けるんだ」

と薄々気づいていた。

当時の虎の絵には、竹の絵がつきものだった。それで、こんな川柳が残っている。

――猫でない証拠に竹を書いて置き

「まるで猫の絵のように見えるかもしれませんが、それはとんでもない誤解です。これはどう見ても虎ですよ。何しろ横に竹の絵が描いてあるでしょ？」

というわけだ。

どうせ一般の日本人も虎を見たことがないのだから、この辺りで納得しておくしかなかっただろう。

例文　売れている作品をそのままパクって売り出す連中がいる。照猫画虎そのものだが、往々にしてパクったほうが売れてしまうのだ。

徙《し》宅《たく》忘《ぼう》妻《さい》

【意味】大切なものを忘れるたとえ
【類義語】忘性脳子《ぼうせいのうし》
【出典】『孔子家語』賢君

妻を置き忘れないように!

「引っ越しした時に妻を置き忘れてきた」というのが本来の意味。魯《ろ》の国の君主がこんな話をしていた。

「忘れっぽい者がいて、引っ越しの時に妻を置き忘れてきたそうだ」

すると、それを聞いていた孔子はこう答えた。

「そんなのはまだまだです。自分自身を忘れることがもっともひどいことですよ。夏の暴君だった桀《けつ》王が快楽と酒に溺れ、そして破滅していったように」

単に「引っ越しの時に妻を忘れてきた」という馬鹿話なのに、それを主君に対する説教にしてしまうとは、やはり孔子はすごいと言わざるをえない。

例文 うっかり徙宅忘妻して、タピオカミルクティーにタピオカを入れ忘れちゃった。

白河夜船《しらかわよふね》

【意味】知ったかぶりをすること／正体不明に眠りこけること
【出典】『毛吹草《けふきぐさ》』

白河の様子はどうだった？

あるところに、京都に行ったことがないのに「京都に行ったことがあるぞ」と自慢げにいう者がいた。

すると、この人はこう質問されたのだ。「じゃ、白河《しらかわ》のようすはどうだった？」聞かれた側は焦《あせ》った。もちろん京都のことなどまったく知らなかったからだ。だから、「白河かあ。ちょうど夜に舟の中で寝ていたので、よく覚えてねえな」

これで、この者が京都に行ったことがないことがばれてしまった。「白河」とは川の名前ではなく、地名だったからだ。

「白河夜船」は「知ったかぶり」を意味する言葉だ。知ったかぶりをする前に、ガイドブックを暗記しておくとか、ＡＩにでも京都の最新情報を聞いておくべきだろう。

例文 見てない映画について白河夜船してしまったが、相手も見てなかったので問題なし。

白髪三千丈《はくはつさんぜんじょう》

【意味】悲しみや愁いが深いことのたとえ
【出典】李白「秋浦歌」

途中で気づいて……!

唐の高名すぎる詩人・李白《りはく》の「秋浦歌」に出てくる、あまりにも有名なレトリック。

白髪が三千丈／つのる愁《うれ》いのためにこんなに長くなってしまった／澄《す》んだ鏡の中を覗《のぞ》いてもわからない／どこでこんなに秋の霜《しも》のような白髪が伸びてしまったのだろう

一丈とは約三・一メートルだから、三千丈は九キロメートルを超える。

いくらなんでも、白髪が九キロメートルは長すぎるだろう。そんなに長かったら、絶対に誰かに踏みつけられるし、子どもがいたずらで引っ張って遊んだりするだろう。どこかに引っかかって、身動きが取れなくなるかもしれない。どうやって生活していたんだろう。

「どこでこんなに伸びてしまったのだろう」などと言っているが、いくらなんでも、三キロくらい伸びたところで気づくべきである。

李白は反乱に加担したという疑いをかけられて流刑《るけい》にされたりしているから、辛苦や悲哀が深かったのだろう。しかし、白髪が九キロメートルとは大げさすぎる。
そう、この表現は大げさすぎるので、誇張が激しすぎることを揶揄《やゆ》するときにも使われるのだ。

例文 白髪三千丈の愁いに首を締めつけられるようだ。今夜は一人、バーの止り木に寄りかかり、アブサンの蠱惑《こわく》の中に溺れることにしよう。

東《とう》食《しょく》西《せい》宿《しゅく》

【意　味】欲が深く厚かましいたとえ
【対義語】無欲恬淡《むよくてんたん》
【出　典】『太平御覧』

欲張り美女の行く末

戦国時代の斉の国に一人の女がいた。彼女は大変美しかったから、二人の男に同時にプロポーズされた。

一人は東隣に住む男で、彼は金持ちだったが、容姿はよくなかった。もう一人は西隣に住む男で、美男子だったがとても貧乏だった。どちらの男を選ぶのか。究極の選択である。娘の親はこう言った。「東の男がよければ左の片肌を、西の男がよければ右の片肌を脱ぎなさい」

娘は、なんと右も左も脱ぎ、こう言った。「昼は東でご飯を食べて、夜は西で寝たいの」

強欲な話だが、これが中国のモソ族のように、結婚制度がない、一人の女が複数の男を愛する社会なら、なんの問題もなかっただろう。

例文 あまりに東食西宿をやりすぎるとすべてを失うぞ。

猫《びょう》鼠《そ》同《どう》眠《みん》

【意味】上役と下役が手を結んで悪事を働くこと

【類義語】猫鼠同処《びょうそどうしょ》

【出典】『新唐書《しんとうじょ》』五行志

警察とギャングは仲良し

私は動物の映像を見るのが好きである。

ときどき見かけるのが、猫と鼠《ねずみ》が仲睦《なかむつ》まじくしている映像だ。猫と鼠と言えば、古くから不《ふ》倶戴天《ぐたいてん》の敵のはずなのに、仲良く遊んだり、餌《えさ》を分け合ったり、いっしょに眠ったりしている。微笑ましい光景だが、これはこれで問題だ。猫は甘やかされて生きているあまり、鼠を追うという本能を失ってしまったのだから。これは残酷なことではないだろうか。

「猫鼠同眠《びょうそどうみん》」は「猫と鼠が一緒に眠る」ということで、ひいては「警察と犯罪者がつるんで悪事を犯す」ことを意味する。

犯罪組織が警察に賄賂《わいろ》を贈り、仕事をしやすくするのは世界どこでもそうだと思うが、古《いにしえ》の中国でも同じだったのだろう。

例文 アニキ、サツには袖の下渡して猫鼠同眠にしとかんと、店にガサ入れ喰らいまっせ。

轍《てっ》鮒《ぷ》之《の》急《きゅう》

【意味】差し迫った危機のたとえ
【類義語】小水之水《しょうすいのうお》・風前之灯《ふうぜんのともしび》・釜底遊魚《ふていのゆうぎょ》
【出典】『荘子』外物

鮒《ふな》に呼び止められた男

あるとき、荘子が道を歩いていたら、誰かに呼び止められた。振り返ると、車の轍《わだち》にできた水たまりにいた鮒だった。

「干からびて死にそうだ。水を少しくれ」

荘子は言う。「わかった。これから南の方に旅に出るから、長江の支流をせき止めて水を逆流させてやるよ」

鮒は激怒した。「それまで待ってられるか。この次は干物屋でわしを探せばいい!」

なんともバカバカしい話だが、これは現実離れした議論ばかりしている学者たちを、暗に批判しているのだ。

それにしても、荘子の返事は秀逸だ。まるで天然ボケのようである。

例文 地球温暖化は轍鮒之急だから、もはやためらうことなど許されないのだ。

子子子子子子子子子子子子《ねこのここねこししのここじし》

【意味】猫の子は子猫であり獅子の子は子獅子だということ

【出典】『宇治拾遺物語』小野篁広才の事

天皇のしかけたクイズ

平安時代、皇居に「無悪善」と書かれた札が立てられていた。嵯峨《さが》天皇はこれを怪しんで、歌人の小野篁《おののたかむら》を呼び、「これはなんと読むのか」と訊《たず》ねた。

篁はためらったあげく、「嵯峨がいないとよい」だと答えた。「悪」は「さが」とも読むからだ。つまり、これは嵯峨天皇を批判する立札だったのだ。

「こんな訳のわからない字面が読めるということは、おまえが書いたんだろう。だったら『子子子子子子子子子子子子』は読めるか?」と、天皇はいきなりクイズを始めた。

篁は平然と「ねこのここねこししのここじし」と読んだ。これで篁はお咎《とが》めなしとなった。「子子子子子子子子子子子子」はもっとも長い熟語の一つだろう。

例文 子子子子子子子子子子子子なんて覚えても使い道がないという人もいるが、そんなことはない。道端で猫の子とライオンの子に同時に出会ったら、十分に使えるはずだ。

つい間違えがちな熟語 その❸

責任転嫁《せきにんてんか》

ときどき「責任転換」などと誤記されるが、もとは「責任転嫁」。責任を他の者になすりつけることを言う。

歪曲《わいきょく》

「ゆがめて曲げること」の意味。ときどき「湾曲《わんきょく》」と間違えて書かれることがあるが、これは「弓なりに曲がること」で、まったく意味が違う。

妙齢《みょうれい》

本来は「若い年ごろ」の意味である。最近では、なぜか「中年以上」を指す意味で使われることもあるが……。

雨模様《あめもよう》

もとは「雨が降り出しそうな空の様子」で、「雨催い《あめもよい》」ともいう。最近は「すでに雨が降っている様子」で使われることも多いが、本来はまだ雨は降っていないわけだ。

才気煥発《さいきかんぱつ》

「才能が盛んに現れ出ること」の意味。「才気活発」は誤りである。「煥」は「光り輝くさま」で、「煥発」は「火が燃えるように外に輝き出ること」の意味。

第六章
ドラマのような熟語

烏《う》白《はく》馬《ば》角《かく》

【意味】この世にありえないこと

【類義語】亀毛兎角《きもうとかく》・童牛角馬《どうぎゅうかくば》

【出典】『論衡』感虚《かんきょ》

白い烏と角のある馬

中国の戦国時代、燕《えん》の太子丹《たん》は秦の人質になっていた。あるとき、丹は秦の王に「国に帰らせてほしい」と言った。秦の王は、薄笑いを浮かべながら言った。「烏の頭が白くなり、馬に角が生えたら帰してやるぞ」

そんなことはありえない。秦の王は、初めから丹を帰す気などないのだ。丹は嘆いた。しかし、天に向かって祈り続けると、なんと本当に烏が白くなり、馬に角が生えたではないか。

いくら傲慢な秦の王でも、自分の言葉に逆らうことはできない。しかたなしに王は丹の帰国を許したという。

この話から、烏白馬角で「ありえないこと」を意味するようになったが、よく考えると変だ。この故事によると、烏の頭は白くなり、馬に角は生えたのだから。

例文 烏白馬角なことを信じることが、すべてのカルト宗教の始まりだ。

孔明臥竜《こうめいがりょう》

【意味】世に知られていない優れた人のたとえ
【類義語】臥竜鳳雛《がりょうほうすう》・伏竜鳳雛《ふくりょうほうすう》・猛虎伏草《もうこふくそう》
【出典】『蜀志《しょくし》』諸葛亮伝

川底に潜《ひそ》んで待つのもよし

三国時代に諸葛亮《しょかつりょう》という男がいて、田舎に住み、詩を作る日々を送っていた。

あるとき、後に蜀の国を作ることになる劉備《りゅうび》に、戦略家の徐庶《じょしょ》が言った。

「諸葛孔明という男がいて、彼は淵《ふち》に潜む竜のようなものです。彼と会っていただけませんか。孔明をこちらに来させることはできません。私たちが自ら訪ねるしかありません」

劉備は孔明の家まで出かけたが、会ってはくれず、三回目の訪問でやっと面会することができた（いわゆる「三顧《さんこ》の礼」）。劉備は孔明の聡明さや人物に感銘を受け、軍師と仰ぐに至る。

劉備と孔明が出会った時の有名な話。誰でも幼い頃から有名で裕福でいられるわけではない。時が来るまでは、淵に潜む竜のように待ち続けることも一策だろう。

例文 プロデューサーは孔明臥竜を求め、送られてきた無数のデモ音源を聴きあさった。

梅《ばい》林《りん》止《し》渇《かつ》

【意味】梅の林があると思わせて、兵士の喉の渇きをいやした故事

【出典】『世説新語』仮譎《かきつ》

美談かペテンか

三国時代の魏《ぎ》の王だった曹操《そうそう》が行軍していたときのことである。彼らは途中で道に迷い、さらに水がなくなってしまった。兵士たちは激しい喉の渇きを訴えていた。

これでは士気にかかわる。いや、士気どころか兵士たちが渇きで死んでしまうかもしれないのだ。曹操は一計を案じ、兵士たちにこう言った。

「前方に大きな梅の林があるぞ。実はたわわで甘酸っぱい。喉の渇きが癒《いや》せるぞ」

兵士たちは、甘酸っぱい梅の実を想像した。すると口に唾液が湧いてきた。これで兵士たちの渇きは癒え、無事に行軍を続けることができたという。

しかし、体がカラカラに乾いていたら、唾液すら出ないのではと思うが……。これは曹操の機転を賛美した話ではなく、むしろ狡賢《ずるがしこ》さを表わした話だと言われている。

例文 馬の目の先にニンジンをぶら下げるのも、梅林止渇のようなものかもしれない。

泣《きゅう》斬《ざん》馬《ば》謖《しょく》

【意味】規律を守るために愛する者を厳しく罰するたとえ
【出典】『蜀志』馬謖伝

義理と人情の板ばさみ

三国時代、蜀《しょく》の宰相である諸葛孔明は魏《ぎ》との戦いにあたり、愛弟子の馬謖《ばしょく》を抜擢《ばってき》した。ところが、馬謖は孔明の命令に背き、勝手に軍を進め、魏に大敗を喫してしまったのだ。どうするか。孔明は考えた。命令違反は規律では死罪である。しかし、馬謖は孔明の愛弟子であり、才能もあり、過去において輝かしい戦果もあげている。こんな馬謖を処罰していいのか。

しかし、ここで馬謖を許してしまえば、誰も規律に従わなくなるだろう。孔明は、涙を流しながら、愛する弟子である馬謖の斬首《ざんしゅ》を命じたのである。

「泣いて馬謖を切る」ともいう故事だ。高倉健の映画のように「義理と人情の板ばさみ」といったところか。規則を取るか、愛情を取るか。現代においても難しく苛酷な決断だろう。

例文 泣斬馬謖ができないから、教祖の愛人がのさばって、教団に悪さをするのだ。

一《いっ》酔《すい》千《せん》日《じつ》

【意味】とても美味な酒のたとえ
【出典】『博物志《はくぶつし》』

ゾンビパウダーか

一人の男が酒屋に出かけ、「千日酒」というとても強い酒を買って帰った。

しかし、酒屋の主人は大事なことを忘れていた。この酒の限度量を教えなかったのだ。

男は家に帰り、何も考えずにその酒を飲み始めたのだが、たちまち酔っぱらい、意識を失ってしまった。

家族は男が死んだものと思い、泣きながら棺桶を用意し、男を埋葬した。

さて酒屋の主人は、男に酒を売ってから千日後にこのことを思い出し、男の様子を見に行くことにした。もっ

と早く見に行ってもよかったと思うが、とにかく見に行ったのだ。

男の家に辿り着くと、案の定、男は埋葬されていた。そこで墓を暴いて棺桶を開けたら、男は大きなあくびをして、ようやく目を覚ました。

後に人々はこうささやいたという。「あいつが酒を飲むと千日は酔いから醒《さ》めないんだよな」

……と、これは三世紀の中国の『博物志《はくぶつし》』という、怪奇な話を集めた本に出てくるエピソードだ。

それにしても、千日も酔いから醒めない酒とは恐ろしい。どこまで強い酒なんだ。ここまで来るともはや酒ではなく、ゾンビを作り出すというゾンビパウダーである。千日間も墓の中でどうやって栄養を補給していたのか、土に埋められて窒息しなかったのか、気になるところだ。

例文 僕の家に来て一酔千日をやらない？　きっといい心持になるよ。

指《し》鹿《ろく》為《い》馬《ば》

【意味】間違いを認めずに押し通すこと
【類義語】漱石枕流《そうせきちんりゅう》
【出典】『史記』秦始皇紀《しんしこうき》

「馬鹿」の語源？

秦の始皇帝の死後、権勢を誇っていた宦官《かんがん》の趙高《ちょうこう》は、あるとき二世の皇帝に鹿を献上し、こう言った。「これは馬でございます」

皇帝は笑って「何を言う、これは鹿ではないか」といい、まわりの者に聞いてみたが、ある者は黙り、ある者は趙高におもねり、「これは馬でございます」と言った。

趙高は、「鹿だ」と答えたものを、自らに逆らう者として、後に処刑してしまったという。

日本のヤクザの世界では、親分が「白い烏《からす》がいる」と言ったら、それにあわせて「あ、あそこにも白い烏が……」と言わねばならないというが、それと似たような話だ。どんな理不尽であろうと、自分に反論する者を暴君は許さないのだろう。

この指鹿為馬が「馬鹿」の語源だという説もあるが、これは疑わしい。

例文 指鹿為馬をやり続けると、本当に鹿が馬になってしまう。

敵《てき》本《ほん》主《しゅ》義《ぎ》

【意味】ほかに目的があるように見せかけ、本来の目的を成し遂げるやり方

敵は本能寺にあり

一五八二年（天正一〇）、明智光秀は備中の毛利攻めを命じられ出陣した。しかし、途中で突然進路を変え、「敵は本能寺にあり」と叫びながら、京都の本能寺に宿をとっていた主君の織田信長を襲撃し、信長を自刃に追いやった。

――あまりにも有名な本能寺の変のエピソードだが、この「敵は本能寺にあり」という名セリフから「敵本主義《てきほんしゅぎ》」という四字熟語が生まれたことは、あまり知られていない。

史実だけを見ると、ただの卑怯な裏切りのように見える行為が、「敵本主義」だというと、いかにも主義主張に則《のっと》った、合理的で意味深い行動に見えてくるから不思議だ。

例文 その女スパイはいろんな政治家とベッドをともにしたが、もちろんそれは敵本主義を実践しているだけで、本当の目的は政界の情報を盗みとることだったのだ。

狡《こう》兎《と》三《さん》窟《くつ》

【意味】とても用心深いたとえ
【出典】『戦国策』斉策

兎《うさぎ》には三つの穴がある

業突《ごうつ》く張《ば》りでチンピラ居候である馮諼《ふうけん》（122ページ）は主人の孟嘗君《もうしょうくん》にこう言った。

「すばしこい兎でも、巣穴が三つあって（狡兎三窟《こうとさんくつ》）初めて死から逃れられるのです。あなたにはまだ巣穴が一つしかない。私があと二つを掘ってさしあげましょうぞ」

そして馮諼は梁《りょう》（魏）の国の王に会いに行き、こう言った。

「斉《せい》では大臣の孟嘗君を追放してしまいました。孟嘗君を迎え入れたら、間違いなく国は栄えます」

この言葉に動かされ、梁の王は使者に黄金千斤《きん》と戦車百台を持たせ、孟嘗君を迎えに行かせた。

孟嘗君は喜んで申し出に応じた――のではなかった。馮諼は孟嘗君にこう入れ知恵をする。

「まだ受け入れてはなりません。これを聞いて、斉が動き始めますよ」

孟嘗君はこのアドバイスを聞き、梁の使者が何度やってこようとも、それに応じることはなかった。

斉の王はこの話を聞き、慌てふためいた。使者に黄金千斤、王の剣、直筆の手紙を持たせ、孟嘗君に「どうか帰ってきて国を治めてくれないか」と懇願してきた。

ここで馮諼は言った。

「斉王の申し出を受け入れてください。これで三つの巣穴ができましたよ。もう枕を高くして眠れます」

馮諼の言うことは本当だった。それから孟嘗君は斉の宰相を何十年も続け、何一つトラブルなど起こらなかったからだ。

何もできないと思われ、貧しいチンピラ食客《しょっかく》だった馮諼が、結果的に孟嘗君のサクセスストーリーを織《お》りあげたのだ。

「車魚之嘆《しゃぎょのなげき》」の話などを聞くと、馮諼はとんでもなく欲深くて粘着質な性格だとしか思えないが、だからこそ彼は主君を成功へと導いたのだ。

やはりこの世を創《つく》り、切り拓《ひら》いていくのは悪人なのかもしれない。

例文 あの作家のやり方は狡兎三窟で、本を一冊書くのに図書館一軒分の本を読んでいる。

棄《き》灰《かい》之《の》刑《けい》

【意味】刑罰がとても厳しいたとえ
【出典】『韓非子』内儲説上

犯罪をゼロにするには

「棄灰《きかい》」とは道路に灰を捨てることで、極めて軽い犯罪を意味している。ところが、古代中国の殷《いん》の法制度は極めて苛酷で、道に灰を捨てることすら厳罰で迎えた。それは、死刑だとも、手を切断したとも、顔に刺青《いれずみ》を入れたとも言われている。

現代のシンガポールという国も、殷ほどではないが、刑罰が厳しいことで知られている。ごみのポイ捨てや鳩《はと》への餌やり、公衆トイレで水を流さなくても罰金である。

しかし、これは本末転倒だろう。厳しい法律を課すからこそ、犯罪者が生まれるのだ。すべての法律をなくしたら、誰も法律違反をしなくなり、結果的に犯罪がゼロになることは言うまでもない。

例文 棄灰之刑をやりすぎると、逆に犯罪が蔓延《まんえん》するだろう。

三《さん》聖《せい》吸《きゅう》酸《さん》

【意味】三人の聖人が酢を舐めて酸っぱさのあまり眉をひそめること

酢はすっぱいだろう

あるとき、道教の黄庭堅《こうていけん》、儒教の蘇軾《そしょく》、仏教の仏印禅師《ぶついんぜんし》という三人の聖者が、金山寺で落ちあった。

そこで三人は、桃花酸《とうかさん》という酢を舐《な》めた。しかし、これがものすごく酸っぱいのである。思わず、三人の聖者はいっせいに眉をひそめたという。

……「だからなんだ」と言われそうだが、これを「三聖吸酸《さんせいきゅうさん》」といい、古くからの有名な絵のテーマなのだ。

道教、儒教、仏教という違う宗教の聖人が、みんな仲良く酸っぱさに眉をひそめる。つまり、この三つの宗教の真理は一つなのだという感動的な教えなのだ。

例文 三聖吸酸の絵を見たら、本当に酸っぱそうな顔をしていて感動した。

夜《や》郎《ろう》自《じ》大《だい》

【意味】自分の力量も知らずにいばること
【類義語】遼東之豕《りょうとうのいのこ》・井蛙之見《せいあのけん》
【出典】『史記』西南夷伝《せいなんいでん》

根拠のない自信は大切です

夜郎《やろう》とは、古代中国の西南地方に実在した小国である。

ある時、この国に漢からの使者がやって来た。その時、夜郎国の王はこう訊《たず》ねたという。

「わしの国と漢では、どっちが大きいんだ？」

漢という国は、当時の中国を支配していた大国家である。夜郎国なんかよりはるかに巨大に決まっている。

この話から、自分の卑小さに気づかずに威張ることを夜郎自大《やろうじだい》というようになった。

なお、後に夜郎国の王は漢に対して反乱を起こすもあっさりと鎮圧され、王は斬首され、その結果、国そのものが滅亡してしまっている。

もっとも、夜郎国は十万人もの兵士を抱える国で、決して弱小国家というわけではなかった。漢とでは相手が悪かったというだけだ。

また、思いあがっていたのは別に夜郎だけではなく、『史記』によると、滇《てん》という国も漢の使者に「わしの国と漢では、どっちが大きいんだ？」とまったく同じことを聞いている。それなのに、夜郎だけが「夜郎自大」という熟語になって名前を残しているのは、偉大なのかどうなのか……

それにしても、「夜郎」とはすごい字である。

まるで夜な夜な出没する山賊の集まりみたいではないか。これは、インドを「身毒《しんどく》」などと言ったように、わざと良くない漢字を当てたのだろう。

中華思想を奉じ、自分たちが世界の中心だと思っていた中国人からしたら、夜郎国などはしょせん辺境に住む、山賊とたいして変わらない野蛮人の国でしかなかったのだろう。

しかし、私としては「うちと漢とはどっちがでけえんだ」と聞いた夜郎にこそ共感する。漢から見たら辺境の地にいるのだから、漢のことなど知らなくて当たり前だ。それでもかまわず大国に対抗しようとする夜郎自大さに、むしろ未来を感じる。

例文 夜郎自大だと馬鹿にされようが、根拠のない自信って大切なんだよ。

火《か》牛《ぎゅう》之《の》計《けい》

【意味】牛の尾に葦《あし》を結んで火をつけ、敵陣に突入させる戦法
【出典】『史記』田単伝

闇夜に怒り狂う猛牛

中国の戦国時代、斉《せい》の智将・田単《でんたん》が城の包囲網を破るために使った戦法。田単は牛を大量に集め、角に刃を縛りつけた。そして尾に脂を注ぎ、葦を結びつけてそれに火をつけたのだ。

牛どもは猛《たけ》り狂い、敵陣に突入していく。敵兵たちは闇夜を突かれ、大恐慌におちいった。炎の中に浮かぶ猛牛たちの姿は敵兵たちを戦慄させ、角に縛りつけられた刃は触れるものをみな殺した。こうして、田単は敵軍を見事に撃退したという。同じ戦法を、日本でも戦国時代に木曽義仲《きそよしなか》が使ったと言われている。

カオスではあるが艶美《えんび》な戦法である。闇夜に輝き、猛り狂いながら疾走する牛たちの姿は、さぞかし妖美《ようび》なものだったにちがいない。

例文 投資家集団は火牛之計のような手法で、強引に会社を乗っ取った。

陳勝《ちんしょう》呉広《ごこう》

【意味】先駆者。先導者
【出典】『史記』陳渉世家《ちんしょうせいか》

中国史上初めての農民反乱

秦（前三世紀）に陳勝《ちんしょう》という男がいた。彼は貧農の出身だが、野心家でもあった。

陳勝は若いころ、日雇い労働に駆り出されていた時、仲間にこう言った。

「もし出世して大金持ちになっても、お互い忘れないようにしような」

仲間は驚き、嘲笑《あざわら》った。

「お前は日雇い労働の百姓だろう。なんで出世なんかできるんだ」

陳勝はため息をついた。

「ああ、燕《つばめ》や雀《すずめ》に白鳥の野望がわかるわけないなあ」

あるとき陳勝は徴発され、九百人の男たちとともに、辺境の警備に出かけた。ところが、途中で大雨が降り、道が通れなくなってしまったのだ。

これでは、期限までに目的地には辿り着けない。ところが、そうなると間違いなく死刑なのだ。秦の法体制は苛酷で無慈悲だった。

陳勝は、一緒にいた呉広《ごこう》という男と話し合った。

「大変なことになったぞ。このままでは死刑にされてしまう――いや、どうせ死ぬなら、天下を取ってから死なないか」

二人は、運勢を見極めるために、占い師のところに行った。占い師はこう言った。

「あなたのやることはすべて成功するだろう。鬼神の力を借りるとよい」

陳勝と呉広は、この言葉を「民衆を脅《おど》せ」という意味だと見た。

そして、「陳勝は王になる」と絹に書き、網で捕られた魚の腹の中に入れた。駆り出された男たちがこの魚を買い、煮て食べようとすると、魚の腹の中から「陳勝は王になる」と書かれた絹が出てくるではないか。男たちは驚愕した。

また、夜になると、呉広は林の中の祠に忍び込んだ。

そしてかがり火を焚《た》き、狐の鳴き声をまねて「大楚国《だいそこく》が興《おこ》る。陳勝が王になる」と叫んだ。

兵士たちは恐れ慄《おのの》き、しだいに陳勝に注目するようになった。

やがて陳勝と呉広は男たちを集め、こう叫んだ。

「お前たちは大雨のおかげで、期限に遅れた。みんな死刑になる。どうせ死ぬのなら、男として名を挙げて死なないか。王や将軍になるのに、家柄や血筋なんか関係あるか！」

男たちはこの言葉に打ち震えた。そしてこぞってこう言った。

「あなたのご命令にしたがいます」

こうして起こったのが、中国史上初めての農民反乱と呼ばれる「陳勝呉広の乱」である。

陳勝は各地の不満分子を糾合《きゅうごう》し、その軍勢はたちまち数万にもなった。みな、秦の残酷な政治体制に苦しんでいたのだ。陳勝は勢いに乗って張楚《ちょうそ》という国を作り王を名乗るが、やがて味方に裏切られ、暗殺された。張楚はわずか六か月で滅びた。

しかし、陳勝と呉広の反乱は決して無駄ではなかった。この戦いの砂煙の中から項羽《こうう》と劉邦《りゅうほう》が現れ、やがて秦を滅亡へと追いやったのだから。

貧しい農民だった陳勝と呉広が、結果的に秦という巨大な帝国を壊滅させたのだ。だから、今でも先駆者・魁《さきがけ》る者のことを「陳勝呉広」と呼ぶ。

例文 ストゥージズはパンクロックの陳勝呉広といえるだろう。

二桃《にとう》三士《さんし》

【意味】はかりごとで人を自滅させること
【出典】『晏子春秋《あんししゅんじゅう》』諫《かん》下

桃の下の謀略

春秋時代、斉《せい》の王のもとに三人の猛者がいた。彼らは虎を素手で殴り殺すほどの勇者だったが、残念ながら王に対する忠誠心がない。宰相の晏嬰《あんえい》はこのことを憂い、彼らを排除するためにある謀略を考え出した。

晏嬰は三人に二つの桃を贈り、「三人のうちの功績の大きい二人に桃を与える」と言った。

一人は「俺は巨大な猪《いのしし》や子持ちの虎を倒したことがある。俺には当然桃を食う権利がある」と言い、桃を一つ取って立ち上がった。

もう一人も負けずにこう言った。「俺は武器だけで軍隊を三つ退けたことがあるぞ」彼も当然という顔つきで桃を手に取った。

最後の一人はこう言った。

「俺が主君について黄河《こうが》を渡ったときのことだ。すっぽんが一頭の馬に噛《か》みつき、激流の中に引きずり込んでしまったんだ。俺は河に潜《もぐ》って九里も歩き、すっぽんを捕まえて殺した。そして左手で馬の尾を、右手ですっぽんの頭をつかみ、鶴のように水面に躍り出た。

すると、渡し場にいた連中が騒ぎだすじゃないか。『見ろ、あの巨大なすっぽんの頭を。あれは河を守る神だぞ』とな。

俺こそ桃を食う権利がある。おまえたちはなぜ桃を返さないんだ」

男は剣を抜いて立ち上がった。二人は震えあがった。

「俺たちはとてもあんたには敵わない。なのに桃を取ってしまって、もう恥ずかしくて生きていけない」

こう言って二人は桃を返し、自ら首をはねて死んでしまったのだ。

これには最後の男も驚愕した。

「なんということだ。俺は自分の功績を誇るあまり、二人の勇者を殺してしまった。俺に桃を食う権利などないし、生きている資格もない」

こう言ってこの男も桃を返し、自ら首をはねて死んでしまった。

宰相の謀略に溺れ、自ら破滅の道を選んでしまったのだ。それにしても、なんという単純かつ礼節正しい勇者なのだろう。こういう男たちが国を危うくするとは思えないのだ。

例文 スパイ組織あがりの大統領は二桃三士の陰謀を駆使して反対勢力を壊滅させた。

向《こう》壁《へき》虚《きょ》造《ぞう》

【意味】実在しないものを作るたとえ
【出典】許慎《きょしん》『説文解字叙《せつもんかいじじょ》』

見たこともない文字

前漢の頃、魯《ろ》の国にあった孔子の旧家の壁の中から、不思議なものが発見された。それは儒教の経典である『礼記』『論語』などだったが、見たこともない文字で書かれていたのだ。

こんな字が存在するわけがない。多くの人は「好き者が壁に向かってありえないものを作ったのだろう（向壁虚造《こうへききょぞう》）」と断じ、偽物と見なした。

しかし、この文書は本物だった。

これらは、始皇帝の焚書坑儒《ふんしょこうじゅ》（96ページ）から逃れるため、当時の儒者たちが壁に塗りこめて隠していたものだったのだ。発見時には使われていなかった古文という文字で書かれていたので、誰も理解できなかっただけだ。もっとも、古文は当時の字体とはまったく違っていたから、偽物だと見なされても無理はないかもしれない。

例文 遺跡から発掘されたオーパーツは、誰かが向壁虚造したものと判明した。

得《とく》隴《ろう》望《ぼう》蜀《しょく》

【意味】欲望にはきりがないたとえ

【出典】『後漢書』岑彭伝《しんほうでん》

ヨーロッパから火星まで

一世紀、後漢の洪武帝《こうぶてい》は兵を進めて隴《ろう》（現在の甘粛省《かんしゅく》）を手中に収めたが、それに満足せず、今度は蜀（現代の四川省）まで征服しようとした。

洪武帝はこう言った。

「人間は満足を知らないから苦しむんだな。隴を手にしたと思ったら蜀が欲しくなる。軍を動かすたびに、白髪が増えていくよ」

この話から、人間の欲望が尽きないことを「得隴望蜀《とくろうぼうしょく》」、または「隴を得て蜀を望む」という。

これは確かだろう。どんな偉大なる征服者でも、心から満足した者はいない。

みなアジアを支配したらヨーロッパまで、地球上を全征服したら、今度は火星まで欲しくなるものだ。

例文　得隴望蜀の独裁者を、なんとか失脚させる方法はないのか。

韓《かん》信《しん》匍《ほ》匐《ふく》

【意味】将来の野望のために一時的な屈辱に耐えること
【出典】『史記』淮陰侯伝《わいいんこうでん》

不良少年はどこに消えた？

若いころの韓信《かんしん》は貧しく、素行が悪かった。だから多くの人から嫌われていた。

ある時、韓信は街で不良少年に絡《から》まれ、こう因縁をつけられた。

「お前は図体が大きく、いつも刀を持ち歩いているな。でも本当は臆病者なんだろう。やれるもんなら、その刀で俺を刺してみろ。できないなら俺の股の下をくぐれ！」

公然と侮辱されたわけだ。これが日本のヤクザや反グレならどうだろう。なにしろ、妙な面《めん》子《つ》を重んじ、やれ目が合ったとか、肩が触れたとか言って殺し合いを始める連中である。こんなことを言われたら、即座に激昂《げきこう》し、刀剣の応酬が始まったに違いない。

しかし、韓信は日本の反グレではなかった。屈辱を呑み込み、不良少年の前に跪《ひざまず》き、股の下をくぐったのである。

これが韓信匍匐《かんしんほふく》の故事である。日本ではよく「韓信の股くぐり」と呼ばれる（日本語で言うとなんとなくマヌケだが）。

後に、韓信は漢の劉邦《りゅうほう》のもとで武功をあげ、三傑と呼ばれる程の豪傑《ごうけつ》として名を馳《は》せることになる。将来の野望を達成させるため、一時的な屈辱に甘んじたわけだ。

こういう時に私がいつも気になるのが、この不良少年の行方だ。彼はその後、どういう人生を送ったのだろう。どこかで韓信の名声を聞いたのだろうか。聞いてどう感じただろうか。それとも韓信が上りつめる前にその生を終えたのか。

歴史は、黙して何も語らない。

例文 出世するためには韓信匍匐は必要かもしれないが、実は屈辱を受ける悦《よろこ》びもどこかにあったのではないかと思っている。

橘《きっ》中《ちゅう》之《の》楽《たのしみ》

【意味】将棋や囲碁をする楽しみ
【類義語】橘中之仙《きっちゅうのせん》
【出典】『幽怪録』

果物の中には老人が……

昔々の中国で、ある男の庭に橘《たちばな》の大きな実がなっていたので、男は実をもいで割ってみた。ところが、中には白いひげを生やした二人の老人がいるではないか。彼らはのんびりと将棋を指していた。

男が驚くと、老人はこんなことを言った。

「橘の実の中の生活は楽しいぞ。だが、根とヘタが弱かったので、馬鹿者にもぎ取られてしまったわい」

この奇怪な話から、将棋や碁を楽しむことを「橘中之楽《きっちゅうのたのしみ》」という。「壺中之天《こちゅうのてん》」（205ページ）などと同じように、小さなものの中に宇宙があるという発想だ。安全な子宮の中に戻りたい、守られたいという願望がどこかにあるのだろうか。

例文 茉莉香《まりか》は駅前のすすけた囲碁クラブに通いつめ、橘中之楽を知った。

面《めん》壁《ぺき》九《く》年《ねん》

【意味】長い間、一つのことに努力するたとえ
【出典】『景徳伝灯録《けいとくでんとうろく》』三・菩提達磨《ぼだいだるま》

九年、壁を見つめて……

達磨《だるま》の人形のもととなった達磨《だるま》大師は、一説には南インドの王子だったという。彼は六世紀に中国に渡り、嵩山《すうざん》の少林寺で修行し、中国の禅宗の開祖となったとされる。ちなみにこの少林寺とは、少林拳で有名なあの少林寺である。

達磨はここでひたすら壁に向かって座禅を組み、瞑想にふけった。そして九年後に、みごと悟りを開いたという。この逸話から「面壁九年《めんぺきくねん》」の言葉が生まれている。

達磨の人形に手足がないのは、この修行のために手足が腐ってしまったからだという。

そういえば現代のインドのヒンドゥー教の修行者にも、数十年片手を挙げている者とか、土の中に掘った穴にずっと顔を突っ込んで暮らしている者がいる。達磨の修行もこう言った流れを汲《く》むものだったのだろうか。

例文 面壁九年で成功するかどうかは、その人の才能と九年の使い方によるだろう。

邯《かん》鄲《たん》之《の》夢《ゆめ》

【意味】世の中の栄華のはかないことのたとえ
【類義語】南《なん》柯《か》之《の》夢《ゆめ》・人《じん》生《せい》如《じょ》夢《む》
【出典】『枕中記《ちんちゅうき》』

空しさの空しさは空しい

唐の時代、一人の貧しい若者が邯鄲《かんたん》の町へ行く途中、宿屋で一人の仙人と出会った。

若者は自分の生活の苦しさを嘆き、

「出世して美味《うま》いものを食べ、美女を侍《はべ》らせてみたいものだ」

とつぶやいた。

仙人はこう言った。

「この枕を使えば、あなたの願いはすべて叶《かな》いますよ」

青磁《せいじ》の枕だった。若者は、宿屋の主人が粱《あわ》を煮ているのを横目に、この枕で眠ることにした。

その後、若者は本当に出世した。

貴族の美しい娘と結婚し、科挙に合格し、国の最高位にまで昇りつめた。

麗《うるわ》しい踊り子や側室を周りに集め、豪邸に住み、酒池肉林の生活を楽しんでいた。最後には、皇帝から厚い感謝の言葉を賜《たまわ》りながら、八十数歳でこの世を去ったのである。

……さて、ここで若者は目を覚ました。

宿屋で眠っていたのだ。

よく見ると、粱はまだ煮あがっていなかった。それほどわずかな時間の夢だったのだ。

人生や栄華の空しさを教える、有名な話である。

空しいことは空しいが、空しいからこそ空しさを追い求めてしまうのが人の空しいところか。

例文 彼は社長の座を射止めたものの、過去の些細《ささい》なスキャンダルに刺され、わずか数週間で失脚した。会社を私物化するという彼の野望は邯鄲之夢となった。

夢《む》賚《らい》之《の》良《りょう》

【意味】夢の中で賜った良い臣下
【出典】『書経《しょきょう》』説命《えつめい》上

古代中国のサクセスストーリー

殷の高宗《こうそう》は、即位してから三年間、政治について何一つ口を挟《はさ》まなかった。自分の判断力に自信がなかったからだ。

ある夜、高宗は天が優れた家臣を与えてくださる夢を見た。目が覚めた高宗は、その人物の特徴を伝え、国中を探させた。

そして、それとそっくりの人物が見つかったのである。その男は囚人の代わりに道路工事をしていて、名前を説《えつ》と言った。高宗は説を宰相として迎え、その結果、殷はおおいに栄えたという。

一種のサクセスストーリーだろう。ホームレスがたまたま自分が歌うところをネットにアップしたら、たちまち大評判になり、売れっ子のポップスターになった——という感じか。

例文 会社の求人を出したが、ろくなのが来なかった。夢賚之良なんか夢のまた夢だよ。

壺《こ》中《ちゅう》之《の》天《てん》

【意 味】この世から離れた別世界
【類義語】壺中天地
【出 典】『後漢書』方術《ほうじゅつ》・費長房《ひちょうぼう》伝

壺の中の世界へ

後漢の時代、ある役人が不思議な光景を見た。市場で一人の老人が薬を売っていたのだが、老人は市場が閉まると、店先にかけていた壺の中に飛び込み、消えてしまったのだ。役人はこれを見て驚き、酒や干し肉をもって老人に挨拶に行くと、老人は役人の思惑を察し、「明日また来てみなさい」と言った。

翌日、役人がふたたび老人を訪ねると、老人は彼を一緒に壺の中に入れてくれた。そこには、壮麗《そうれい》な御殿《ごてん》が立ち並び、美味そうな酒とご馳走が並んでいた。二人はここで大いに食べ、飲み、夢のような愉悦《ゆえつ》の時をすごした。壺の中が別世界になっていたのだ。

例文 二人でドライブして、壺中之天へ出かけようよ。

『有象列仙全傳』より

あとがき ～漢字の織《お》りなす小宇宙～

昨年、『奇妙な漢字』という本を出版した。

それは、この世に息づく奇妙で不可思議な漢字を集めた本だった。

「丒《ちゅう》」「〓《どんぶと》」「〓《ほう》」「忑《とく》」「閄《きゅうにとびだしてひとをおどろかせるこえ》」……など、普通の生活を送っているとまず見ることはないが、確実にこの世の片隅に生息する漢字である。

私はひたすら奇妙な漢字を発掘していたのだが、そのうち、あることに気づいた。

「漢字だけではなく、この世には《奇妙な熟語》も多い」ということだ。

それは「丿乀《へっふつ》」（舟が揺れるさま）「噩噩《がくがく》」（おごそかなさま）「画虎類狗《がこるいく》」（虎の絵を描いていたら犬になった）などという、いったい誰がこんな熟語を思いついたのか、いったい誰が使っているのか、理解に苦しむものばかりだった。

あまりに奇怪な熟語の群れに襲われ続けたので、私はこれらを白日の下に晒《さら》すべきではないか、と考えた。

四字熟語の本はいろいろあるが、奇妙な熟語を特別に抽出《ちゅうしゅつ》し、それにいちいち解説を加えたものは見当たらなかった。

それなら、自分が書くしかないか。こうやって生まれたのが、本書である。


四字熟語には、ありとあらゆるものがある。

シュールなもの、アホらしいもの、しかつめらしいもの、どう考えても使い道がなさそうなもの、愛を哀切に歌ったもの……それはもはや、一つの宇宙だった。漢字の織りなす壮麗な小宇宙なのである。

中でも私が深く感銘を受けたのが、「中国四千年の歴史」の偉大さである。「王述忿狷《おうじゅつふんけん》」（王述という人は怒りっぽい）などという、まったく使い道のなさそうな熟語が、古い書物には堂々と載っていたりするのだ。

また、「白馬非馬《はくばひば》」（白い馬は馬ではない）などという詭弁としか思えない熟語が生まれたのは、紀元前三世紀より前である。日本はまだせいぜい弥生時代で、文字すらない時代だった。それなのに、中国ではすでに諸子百家《しょしひゃっか》という思想家集団が活躍していて、「白い馬は馬ではない」などという詭弁をひねり出し、それをわざわざ文献に残していたのだ。

　私は、四字熟語の森を潜《くぐ》り抜けながら、古代の中国人の息づかい、喜び、悲しみ、嘆き、希《ねが》いを聞いたような気がした。


　この本のタイトルは『奇妙な四字熟語』だが、わずかながら四文字ではない熟語も入っている。

　それは、「丫丫《ああ》」「白髪三千丈《はくはつさんぜんじょう》」「子子子子子子子子子子子子《ねこのこねこししのこじし》」といった捨てがたい非四字熟語が私を誘惑し、「私も見捨てないで！」などと言って迫って来るのだから、仕方ないのだ。

　また、熟語は本来は、現実世界で使われるために生まれたはずなので、その一つ一つにオリジナルの例文も作った。

もっとも、使い道がまったくなさそうな熟語もあるので、いろいろ苦労したことも告白しておく。ひょっとしてこの熟語で文章を作ったのは、人類史上、私が初めてではないか……という孤独な思いに囚《とら》われたほどだ。

熟語の数々に、五月女ケイ子さんが魅惑的で鋭いイラストを描いてくださった。熟語も喜んでいることだろう。

この本が出るきっかけを作ってくださったアップルシード・エージェンシーの鬼塚忠さん、栂井理恵さん、有海茉璃さん、編集作業に携わってくださったポプラ社の碇耕一さん、デザイナーの本橋雅文さんに深い感謝を捧げたい。

杉岡幸徳

主要参考文献

『新明解四字熟語事典　第二版』三省堂編修所／三省堂
『岩波四字熟語事典』岩波書店辞典編集部／岩波書店
『小学館 eBooks 四字熟語を知る辞典』飯間浩明編／小学館
『大漢和辞典』諸橋轍次／大修館書店
『中国語大辞典』大東文化大学中国語大辞典編纂室編／角川書店
『中华字海』冷玉龙・韦一心編／中华书局 中国友谊出版公司
『奇妙な漢字』杉岡幸徳／ポプラ新書
『史記』司馬遷著／小竹文夫・小竹武夫訳／筑摩書房
『荘子 全現代語訳』池田知久／講談社
『新書漢文大系 3 孫子・呉子　新版』天野鎮雄著／三浦吉明編／明治書院
『新書漢文大系 5 戦国策』林秀一・福田襄之介著／町田静隆編／明治書院
『新釈漢文大系 8 荘子（下）』市川安司・遠藤哲夫著／明治書院
『新書漢文大系 11 孟子』内野熊一郎著／加藤道理編／明治書院
『新書漢文大系 12 韓非子』竹内照夫著／篠田幸夫編／明治書院
『新書漢文大系 19 詩篇』内田泉之助・網祐次著／尾形幸子編／明治書院
『新書漢文大系 20 文選〈賦篇〉』中島千秋・高橋忠彦著／今井佳子編／明治書院
『新書漢文大系 21 世説新語』目加田誠著／長尾直茂編／明治書院
『新書漢文大系 24 列子』小林信明著／西林真紀子編／明治書院
『新書漢文大系 26 文選〈賦篇二〉』高橋忠彦著／今井佳子編／明治書院

『新書漢文大系28 蒙求』早川光三郎著／三澤勝己編／明治書院
『新書漢文大系29 論衡』山田勝美著／田辺淳編／明治書院
『新書漢文大系34 淮南子』楠山春樹著／本田千恵子編／明治書院
『新釈漢文大系27、28、29 礼記』竹内照夫／明治書院
『新釈漢文大系53 孔子家語』宇野精一／明治書院
『新釈漢文大系58、59 蒙求』早川光三郎／明治書院
『新釈漢文大系76、77、78 世説新語』目加田誠／明治書院
『漢書』班固著／小竹武夫訳／筑摩書房
『後漢書』范曄撰／吉川忠夫訓注／岩波書店
『山海経　中国古代の神話世界』高馬三良訳／平凡社
『漢詩鑑賞事典』石川忠久編／講談社
『故事成句でたどる楽しい中国史』井波律子／岩波書店
『中国奇想小説集――古今異界万華鏡』井波律子編訳／平凡社
『中国シンボル・イメージ図典』王敏・梅本重一編／東京堂出版
『新訳孟子』穂積重遠／講談社
『張華の博物誌』小澤建一／ブイツーソリューション
『古代中国の虚像と実像』落合淳思／講談社
『古代中国　説話と真相』落合淳思／筑摩書房
『呂氏春秋』町田三郎／講談社
『捜神記』干宝著／竹田晃訳／平凡社
『列仙伝・神仙伝』劉向・葛洪著／沢田瑞穂訳／平凡社

『諸子百家』浅野裕一／講談社
『論語』加地伸行／講談社
『中国古典文学全集　六朝・唐・宋小説集』前野直彬訳／平凡社
『春秋左氏伝』小倉芳彦訳／岩波書店
『美女とは何か　日中美女の文化史』張競／角川学芸出版
『アポリネール詩集』堀口大學訳／新潮社
『世界大百科事典』平凡社編／平凡社
『図説　日本未確認生物辞典』笹間良彦／KADOKAWA
『朝日新聞校閲センター長が絶対に見逃さない　間違えやすい日本語』前田安正／すばる舎
『諸蕃志』趙汝适撰／藤善真澄訳注／関西大学出版部
『百鬼夜行拾遺』鳥山石燕／長野屋勘吉
『韻鏡』
『有象列仙全傳』明王世貞輯・明汪雲鵬補併校／藤田庄右衛門
故事成語を知る辞典 円満字二郎編　https://kotobank.jp/dictionary/kojiseigo/
実用日本語表現辞典　https://www.weblio.jp/cat/dictionary/jtnhj
コトバンク　https://kotobank.jp
辞典・百科事典の検索サービス Weblio 辞書　https://www.weblio.jp

その他、多くの書籍、新聞、雑誌、ウェブサイトなどを参考にさせていただきました。

索引

奇妙な四字熟語　索引

あ

か

さ

た

な

は

ま

杉岡幸徳
すぎおか・こうとく

作家。兵庫県生まれ。東京外国語大学卒業。異端なもの、アウトサイダーなものを深く愛し、執筆活動を続けている。著作に『奇妙な漢字』（ポプラ新書）、『世界奇食大全 増補版』（ちくま文庫）、『世界の性習俗』（角川新書）、『大人の探検 奇祭』（実業之日本社）など多数。
ウェブサイト　http://sugikoto.com

著者エージェント　アップルシード・エージェンシー
デザイン・DTP　本橋雅文（orangebird）
カバー本文イラスト　五月女ケイ子

ポプラ新書
254

奇妙な四字熟語

2024年2月5日 第1刷発行

著者
杉岡幸徳

発行者
千葉 均

編集
碇 耕一

発行所
株式会社 ポプラ社
〒102-8519 東京都千代田区麹町4-2-6
一般書ホームページ www.webasta.jp

ブックデザイン
鈴木成一デザイン室

印刷・製本
図書印刷株式会社

N.D.C.810/222P/18cm ISBN978-4-591-18056-3

P8201254

生きるとは共に未来を語ること　共に希望を語ること

昭和二十二年、ポプラ社は、戦後の荒廃した東京の焼け跡を目のあたりにし、次の世代の日本を創るべき子どもたちが、ポプラ（白楊）の樹のように、まっすぐにすくすくと成長することを願って、児童図書専門出版社として創業いたしました。

創業以来、すでに六十六年の歳月が経ち、何人たりとも予測できない不透明な世界が出現してしまいました。

この未曾有の混迷と閉塞感におおいつくされた日本の現状を鑑みるにつけ、私どもは出版人としていかなる国家像、いかなる日本人像、そしてグローバル化しボーダレス化した世界的状況の裡で、いかなる人類像を創造しなければならないかという、大命題に応えるべく、強靭な志をもち、共に未来を語り共に希望を語りあえる状況を創ることこそ、私どもに課せられた最大の使命だと考えます。

ポプラ社は創業の原点にもどり、人々がすこやかにすくすくと、生きる喜びを感じられる世界を実現させることに希いと祈りをこめて、ここにポプラ新書を創刊するものです。

未来への挑戦！

平成二十五年　九月吉日　　株式会社ポプラ社